Q&A
マイナンバーの
セキュリティ対策

ITを利活用した安全管理のすべて

特定個人情報保護委員会委員
手塚　悟／監修

特定個人情報保護委員会事務局
総務課上席政策調査員
武本　敏／著

監修にあたって

　2013（平成25）年5月31日に「行政手続における特定の個人を識別するための番号の利用等に関する法律」（以下「マイナンバー法」といいます）が公布されました。

　2015（平成27）年10月5日からマイナンバーが国民1人1人に配布され、2016（平成28）年1月1日より実際にマイナンバーの利用が始まります。日本国内の行政機関と民間企業等のあらゆる組織においてマイナンバーを利用することとなります。マイナンバーの利用開始に備えて、行政機関や業界団体等は、マイナンバーをその内容に含む個人情報（以下「特定個人情報」といいます）の適正な取扱いのための普及・啓発を行っており、マイナンバーを利用する組織ではその対応が求められています。

　2014（平成26）年1月1日に設置された特定個人情報保護委員会では、同年12月11日に「特定個人情報の適正な取扱いに関するガイドライン（事業者編）」を、また同年12月18日には「特定個人情報の適正な取扱いに関するガイドライン（行政機関等・地方公共団体等編）」をそれぞれ策定・公表しました（以下「ガイドライン」といいます）。その後も様々な資料を公表するなど、特定個人情報の適正な取扱いに関する普及・啓発活動を推進しています。これらのガイドラインは、平易な言葉で具体例を交えてわかりやすく記載されていますが、その反面、必須事項として、なにをしなければならないかについては考え方のみが示されています。

　特に、マイナンバーのセキュリティ対策を記載した安全管理措置については、大企業や中小企業のように規模等が異なるすべての組織に網羅的な対応を図るために、どうしても抽象的な記述にならざるを得ないところもあります。

　そこで本書では、特にITを利用したマイナンバーのセキュリティ対策に焦点を絞り、ガイドラインが求めている事項について、策定の経緯等を踏まえて解説しております。

　マイナンバーの法制度そのものに関する説明は、必要最小限としていますので、不明点がある方は、前述したガイドラインやその他の政府機関等が公開している資料をご確認されるか、政府が準備しているコールセンターに質問するなどの方法をとっていただければと思います。

　本書を通じて、読者の皆様のマイナンバーのセキュリティ対策が必要十分なものとなり、また、企業の個人情報保護対策やセキュリティ対策が見直されるきっかけになれば幸いです。

2015年10月

手塚　悟

はしがき

　特定個人情報保護委員会は、マイナンバーをその内容に含む個人情報である特定個人情報の有用性に配慮しつつ、その適正な取扱いを確保するために必要な措置を講ずることを任務としており、筆者はその事務局に所属しています。同事務局では、その任務の一環として、「特定個人情報の適正な取扱いに関するガイドライン（事業者編）」を2014（平成26）年12月11日に、また「特定個人情報の適正な取扱いに関するガイドライン（行政機関等・地方公共団体等編）」を同年12月18日に公開しています。

　その後、私たちが全国各地で開催されている説明会に伺い頂戴したご質問や、マイナンバーコールセンター経由で寄せられた様々なご質問等を拝見していますと、多くの皆様が具体的な対応に悩まれていることが良くわかります。また、インターネット上では様々な解説記事が公開されていますが、特に安全管理措置に関する記事については、必ずしも正確でないものも散見されます。

　そこで、ITを利用したマイナンバーの安全管理措置に焦点を絞り、皆様から寄せられた疑問の声に答えようと、できるだけ踏み込んだ形で執筆したのが本書です。数多く寄せられる典型的なご質問については内閣官房をはじめとする関係省庁のホームページにQ&Aの形式で公開されていますが、それ以外にも様々なご質問が寄せられています。その中でも、多くの方に共通すると思われる安全管理措置に関するご質問に対して、本書において解説しました。特に、中小規模の事業者の方からのご質問が多いことから、中小規模の事業者の方の対応について独立した章を設け、80人程度の組織を対象とした対応方法と、5人程度の組織を対象とした対応方法を示しました。

　既にマイナンバーの安全管理措置の検討が終わった方は、本書を活用して安全管理措置の再確認をしていただければと思います。まだ安全管理措置の検討が終わっていない方は、本書を参考にマイナンバーを取り扱うまでに安全管理措置を講ずるようにしてください。特に、マイナンバーの取扱いをITベンダーに任せている場合や外部委託する場合等においては、関係する業者に対して安全管理措置に関してチェックが必要な点や気になる点について、本書を片手に確認してみると良いでしょう。

　本書の構成は、以下のとおりです。
　第1章は、これから取扱いが始まるマイナンバーそのものについて説明します。
　第2章は、特定個人情報保護委員会が策定・公表しているガイドラインについて説明します。
　第3章は、すべての組織において共通して知っておくべきガイドラインの安全管理措置に関する内容について説明します。

第4章は、行政機関等や地方公共団体等および主に規模の大きな事業者向けに、マイナンバーの取扱いに関する安全管理措置について説明します。規模の小さな事業者の方は読み飛ばしていただいても結構です。また、ITや情報セキュリティに詳しくない方は、概要だけでも確認してください。もちろん、規模の小さな事業者の方も読んでいただければ参考になると考えられます。

　第5章は、規模の小さな事業者向けの対応方法を説明します。それぞれの項目にイメージ図を挿入していますので、時間のない方は、タイトルとイメージ図だけでも確認してください。

　また巻末には、本書で引用した文献等とその入手先を掲載していますので、本文とともに参照してください。

　2016（平成28）年1月のマイナンバー制度の運用開始に向け、準備に取り組まれている皆様にとって、本書がその一助となれば幸いです。

2015年10月

　　　　　　　　　　　　　　　　　　　　　　　　　　　　　　　　　　　　武　本　　敏

　本書のうち意見にわたる部分は筆者の個人的見解にすぎず、筆者の所属する組織の公的見解を示すものではない点にご留意ください。特に本書においてコラムとした「Point」および「こんな時どうする？」の内容は筆者の独自の理解や考え方を示しています。

CONTENTS

第1章 マイナンバーおよび特定個人情報の性質とリスクの考え方　1

Ⅰ　マイナンバーと他の番号との違い　1

Q1-1　マイナンバーでなにができるようになるのですか？　1

Q1-2　マイナンバーと他の個人を識別する番号との違いはなんですか？　2

Ⅱ　マイナンバーの取扱いに関するリスクの考え方　3

Q1-3　マイナンバーが漏えいした際に、それだけで悪用されることがあるのですか？　3

1 マイナンバーを利用できる場合 …………………………………………3
　①個人番号関係事務 ………………………………………………………3
　②個人番号利用事務 ………………………………………………………4

　Point　マイナンバー法第9条の記載 …………………………………4

2 マイナンバーを提供できる場合 …………………………………………5

　Point　マイナンバー法第19条の記載 ………………………………5

3 マイナンバー制度と海外の類似制度との相違点 ………………………6

Q1-4　一生使い続けるマイナンバーの管理のしかたを教えてください。　7

Ⅲ　特定個人情報の取扱いに関するリスクの考え方　8

Q1-5　マイナンバー制度による利便性の向上と、利便性の向上に伴うリスクについて教えてください。　9

1 1つの事務で個人を確実に識別できるようになること ………………9

2 情報連携ができるようになることのリスク ……………………………11

Q1-6　マイナンバーの取扱いに関する罰則の適用について教えてください。　12

第2章　マイナンバーとは　　13

■ マイナンバーの策定　　13

- **Q2-1**　「特定個人情報の適正な取扱いに関するガイドライン」とはなんですか？　13
- **Q2-2**　マイナンバー策定の経緯を教えてください。　13

第3章　ガイドライン「(別添) 特定個人情報に関する安全管理措置」を読む前に　　15

Ⅰ　ガイドライン「(別添) 特定個人情報に関する安全管理措置」の位置付け　　15

- **Q3-1**　「(別添) 特定個人情報に関する安全管理措置」の想定読者は誰ですか？　15
- **Q3-2**　ガイドラインの「事業者編」と「行政機関等・地方公共団体等編」の違いを教えてください。　17

Ⅱ　安全管理措置を理解するために必要な主な用語　　17

- **Q3-3**　マイナンバーとはなんですか？　17
  - **Point**　「一定の法則に従って変換したもの」の具体例　19
- **Q3-4**　特定個人情報とはなんですか？　19
- **Q3-5**　特定個人情報ファイルとはなんですか？　20
  - **1**　1つのデータベースにマイナンバーと個人情報が格納されている場合　22
  - **2**　複数のデータベースにマイナンバーと個人情報が分散されて格納されている場合　22
- **Q3-6**　マイナンバー制度における委託と再委託の考え方について教えてください。　23
  - **1**　クラウドサービス等に関する場合　24
  - **2**　保管に関する場合　25
  - **3**　廃棄に関する場合　25

第4章 マイナンバーにおける安全管理措置
——原則的な取扱い
26

Ⅰ マイナンバーが想定する個人番号関係事務の流れと安全管理措置の関係
26

| Q4-1 | 事業者がマイナンバーを取り扱う個人番号関係事務とはなんですか? | 26 |

| Q4-2 | マイナンバーを取得するときに気をつけるべきことはなんですか? | 27 |

1 社員等から書類等により手渡しで取得する場合 …………………27
　◯社屋の外でマイナンバーを取得する際の留意点 ………………28
2 スマートフォンや情報システムを利用する場合 ………………28
3 マイナンバーの取得を外部委託する場合 ………………29

| Q4-3 | マイナンバーを利用するときに気をつけることはなんですか? | 30 |

1 大規模な情報システムを用いてマイナンバーを利用する場合 ……30
2 マイナンバーを取り扱う情報システムを外部委託している場合 ……31
3 マイナンバーの利用を外部委託している場合 ………………31

| Q4-4 | マイナンバーを保存するときに気をつけることはなんですか? | 32 |

1 大規模な情報システムを用いてマイナンバーを保存する場合 ……32
2 マイナンバーが記載された書類を保存する場合 ………………33
3 マイナンバーの保存を外部委託している場合 ………………33

| Q4-5 | マイナンバーを提供するときに気をつけることはなんですか? | 33 |

1 電子データで提供する場合 ………………………………34
2 書類を提供する場合 ………………………………………34

| Q4-6 | マイナンバーを削除・廃棄するときに気をつけることはなんですか? | 34 |

Ⅱ 安全管理措置の検討手順
35

| Q4-7 | マイナンバーの取扱いに関する安全管理措置について、どのような手順を検討をすれば良いですか? | 35 |

A 個人番号を取り扱う事務の範囲の明確化 ………………………37
B 特定個人情報の範囲の明確化 ……………………………………37
C 事務取扱担当者の明確化 …………………………………………38

| こんな時どうする？ | 誰が事務取扱担当者なのか悩んだら… | 39 |

D 基本方針の策定 ……………………………………………………………… 39
E 取扱規程等の策定 …………………………………………………………… 40

| こんな時どうする？ | 取扱規程でなにかを禁止する時には… | 41 |

①取得する段階 ………………………………………………………………… 43

| こんな時どうする？ | 個人番号を正確に取得するには… | 43 |

②利用を行う段階 ……………………………………………………………… 43
③保存する段階 ………………………………………………………………… 44
④提供を行う段階 ……………………………………………………………… 44
⑤削除・廃棄を行う段階 ……………………………………………………… 46

Ⅲ ガイドラインにおける安全管理措置の内容　46

| Q4-8 | マイナンバーを適正に取り扱うために組織として取り組むべき安全管理措置を教えてください（組織的安全管理措置）。 | 47 |

1 マイナンバーを取り扱うための社内体制の整備 ……………………………… 47
　①概要 …………………………………………………………………………… 47
　②通常業務を行うための組織体制の整備 …………………………………… 48
　③事案発生時等に備えた体制の整備 ………………………………………… 48
　④その他の体制の整備 ………………………………………………………… 49

2 マイナンバーの適正な取扱いに関する記録 …………………………………… 49
　①概要 …………………………………………………………………………… 49
　②記録項目 ……………………………………………………………………… 50
　③記録項目に関する注意点 …………………………………………………… 50

| こんな時どうする？ | システムログまたは利用実績の記録における項目と保存期間の考え方で悩んだら… | 50 |

3 マイナンバーの取扱状況を確認するために必要な事項 ……………………… 51
　①概要 …………………………………………………………………………… 51
　②情報の更新 …………………………………………………………………… 52

| こんな時どうする？ | 「b 取扱規程等に基づく運用」と「c 取扱状況を確認する手段の整備」の違いとは？ | 52 |

4 マイナンバーが漏えい、滅失または毀損した場合に備えるべき事項 ………… 53
　①概要 …………………………………………………………………………… 53

②情報漏えい等事案の検知 ……………………………………………………………54
③情報漏えい等事案発生時の対応 ………………………………………………………54
④情報漏えい等事案発生時の特定個人情報保護委員会との関係 ……………………54
　　こんな時どうする？　もしも情報漏えい等事案が発生してしまったら… ………………55

5 マイナンバーの取扱いを改善するために必要な対応 ……………………………………55
①概要 ………………………………………………………………………………………55
②点検・監査の実施手順 …………………………………………………………………56
③他の監査活動等との連動 ………………………………………………………………56

Q4-9　マイナンバーを適正に取り扱うために従業員が取り組むべき安全管理措置を教えてください（人的安全管理措置）。　56

1 事務取扱担当者の監督 ………………………………………………………………………57
①概要 ………………………………………………………………………………………57
②監督の方法 ………………………………………………………………………………57

2 事務取扱担当者の教育 ………………………………………………………………………57
①概要 ………………………………………………………………………………………58
②教育の方法 ………………………………………………………………………………58
③教育の内容 ………………………………………………………………………………58
　　こんな時どうする？　内部不正が心配な時には… …………………………………………59

Q4-10　マイナンバーの紛失・盗難等を防ぐための安全管理措置を教えてください（物理的安全管理措置）。　59

1 マイナンバーを取り扱う場所と他の業務を行う場所との区分 ……………………………59
①概要 ………………………………………………………………………………………60
②手法の例示以外の対応方法 ……………………………………………………………61
　　こんな時どうする？　いろいろな区域がある場合には… …………………………………61
　　こんな時どうする？　大規模な情報システムでマイナンバーを取り扱う場合には… ………61
　　こんな時どうする？　マイナンバーを取り扱う情報システムを外部委託している場合には… 62
　　こんな時どうする？　担当者のパソコンだけでマイナンバーを取り扱う場合には… ………62

2 マイナンバーを保存した機器および電子媒体等を盗難等から守るための対応 …………62
①概要 ………………………………………………………………………………………62
②対策の具体例 ……………………………………………………………………………63

3 事務所の外でマイナンバーを取り扱う際の対応 …………………………………63
　①概要 ……………………………………………………………………………………64
　②持ち出す場合とは ……………………………………………………………………64
　③電子媒体等を持ち出す場合のリスクとその対策 …………………………………64
　④パスワードによる保護 ………………………………………………………………65
　　こんな時どうする？　マイナンバーを郵送する場合には… ………………………65
4 マイナンバーの削除または廃棄の方法 …………………………………………66
　①概要 ……………………………………………………………………………………66
　②「個人番号」を ………………………………………………………………………66
　③「できるだけ速やか」に ……………………………………………………………67
　④「復元できない手段」で ……………………………………………………………67
　　（1）　電子的な削除 …………………………………………………………………67
　　（2）　物理的な廃棄 …………………………………………………………………69
　⑤削除・廃棄記録の保存 ………………………………………………………………69

Q4-11 マイナンバーを情報技術により取り扱う場合の安全管理措置を教えてください（技術的安全管理措置）。　69

1 マイナンバーを取り扱う事務の範囲、事務に利用する特定個人情報の範囲、事務取扱担当者を制限するための対応 ……………………………………………69
　①概要 ……………………………………………………………………………………70
　②アクセス制御の手法 …………………………………………………………………70
　　（1）　アクセス可能なデータの範囲を制御する …………………………………70
　　（2）　アクセス可能な情報システムを制御する …………………………………72
　　（3）　アクセス可能な者を制御する ………………………………………………72
　③アクセス制御を回避されない仕組み ………………………………………………73
2 情報システムの事務取扱担当者を確認するための方法 ………………………74
　①概要 ……………………………………………………………………………………74
　②識別と認証のためのシステムのライフサイクル …………………………………74
　③識別と認証を回避されない仕組み …………………………………………………75
　　こんな時どうする？　クラウドサービスを利用する場合の注意点は… …………75
　　こんな時どうする？　技術的に弱い方法でしか識別と認証ができない場合には… …………75
3 外部からの不正アクセス等の防止策 ……………………………………………75

①概要 ··· 76
　　②不正アクセスを防ぐ仕組みの導入 ·· 76
　　③不正アクセスにあった場合でも被害を防ぐ仕組み ······················ 77
　　④セキュリティホールを作り込まない仕組み ································ 77
　　⑤不正アクセスによる被害を防ぐための運用 ································ 77
　4 マイナンバーをインターネット等により授受する場合の留意点 ············ 78
　　①概要 ··· 78
　　②経路の暗号化とデータの暗号化 ·· 78
　　　こんな時どうする？　e-Tax を用いて電子申告を行う場合には… ············ 78
　　　こんな時どうする？　委託先とのマイナンバーの送受信 ······················ 79

Q4-12 ガイドラインに記載のない事項で、注意すべきことはありますか？　79

　1 事業継続計画に関する安全管理措置 ·· 79
　2 暗号化に関する安全管理措置 ·· 80
　3 多層防御 ·· 81

Q4-13 マイナンバーの取扱いにあたり、自社のシステムをどのように改修すると良いでしょうか？　81

　1 既存のデータベースにマイナンバーを保存できるように拡張する ········· 81
　2 既存のデータベース内の別テーブルとしてマイナンバーを保存する ····· 82
　3 独立したマイナンバー専用データベースを構築する ·························· 83

第5章　中小規模事業者・小規模事業者におけるマイナンバーの安全管理措置　84

Ⅰ　中小規模事業者の定義　84

Ⅱ　中小規模事業者における安全管理措置　86

Q5-1 中小規模事業者におけるマイナンバー制度への対応方法の例を教えてください。　86

　1 自社で人事給与事務等を行っている場合 ··· 87
　2 人事給与事務等を外部に委託している場合 ······································ 88
　3 マイナンバーを外部委託する場合の注意点 ······································ 89

Q5-2 中小規模事業者における安全管理措置の検討手順を教えてください。　90

| Point | 事務取扱担当者と罰則の関係 ……………………………………91 |

| Q5-3 | マイナンバーを適正に取り扱うために、組織の経営層が講ずべき安全管理措置を教えてください（基本方針の策定）。 | 91 |

| こんな時どうする？ | 基本方針は公開する必要がありますか？ ……………………………93 |

| Q5-4 | マイナンバーを適正に取り扱うためのマニュアルは必要ですか？（取扱規程等の策定） | 93 |

| Q5-5 | マイナンバーを適正に取り扱うために、組織として取り組むべき安全管理措置を教えてください（組織的安全管理措置）。 | 95 |

1 マイナンバーを取り扱うための社内体制の整備 …………………………………………95
2 マイナンバーの適正な取扱いに関する記録 ………………………………………………96
3 マイナンバーの取扱状況を確認するために必要な事項 …………………………………98
4 マイナンバーが漏えい、滅失または毀損した場合に備えるべき事項 ………………99

| こんな時どうする？ | 情報漏えい等の事案の公表は必須でしょうか？ ………………100 |

5 マイナンバーの取扱いを改善するために必要な対応 …………………………………100

| Q5-6 | マイナンバーを適正に取り扱うために従業員が取り組むべき安全管理措置を教えてください（人的安全管理措置）。 | 101 |

1 事務取扱担当者の監督 ………………………………………………………………………102

| こんな時どうする？ | 従業員の監督のために監視カメラが必要ですか？ ……………102 |

2 事務取扱担当者の教育 ………………………………………………………………………103

| Q5-7 | マイナンバーの紛失・盗難等を防ぐための安全管理措置を教えてください（物理的安全管理措置）。 | 104 |

1 マイナンバーを取り扱う場所と他の業務を行う場所との区分の必要性 ……………104

こんな時どうする？	マイナンバーの取扱いを外部委託している場合には…	105
こんな時どうする？	区域の明確化が難しい場合には…	105
こんな時どうする？	マイナンバーをサーバー等で管理する場合には…	105

2 マイナンバーを保存した機器および電子媒体等を盗難等から守るための対応 ……106

| こんな時どうする？ | マイナンバーが書かれた書類を鍵のかかる書棚に保管する場合には… | 108 |

こんな時どうする？	マイナンバーの保管を外部の倉庫業者等に発注している場合には… 108
こんな時どうする？	施錠可能な書庫等をすぐに準備できない場合には… 108

3 事務所の外でマイナンバーを取り扱う際の対応 …………………………109
4 マイナンバーの削除または廃棄の方法 …………………………………110

こんな時どうする？	表計算ソフトウェア等でマイナンバーを管理している場合の削除方法は？ 112

Q5-8	マイナンバーを情報技術により取り扱う場合の安全管理措置を教えてください（技術的安全管理措置）。 113

1 マイナンバーを取り扱う事務の範囲、事務に利用する特定個人情報の範囲、事務取扱担当者を制限するための対応 …………………………113
2 情報システムの事務取扱担当者を確認するための方法 ………………114
3 外部からの不正アクセス等の防止策 ……………………………………115
4 マイナンバーをインターネット等により授受する場合の対応 …………116

こんな時どうする？	暗号化またはパスワードの設定には、専用のソフトウェアが必要ですか？ 117

Ⅲ　小規模な事業者における安全管理措置　117

こんな時どうする？	ガイドラインに書いてある安全管理措置を講ずることが、当社にとって負担が大きすぎるのですが… 117

Q5-9	小規模な事業者におけるマイナンバーの対応方法の例を教えてください。 118

1 自社で給与・経理・社会保障関係の事務を行っている場合 ……………118
2 給与・経理・社会保障関係の事務を外部委託している場合 ……………118

Q5-10	小規模な事業者における安全管理措置の検討手順を教えてください。 119

こんな時どうする？	現在の給与事務や経理事務の担当者にマイナンバーの取扱いを拒否されたら、どうすれば良いですか？ 120

Q5-11	マイナンバーを適正に取り扱うために、組織の経営層が講ずべき安全管理措置を教えてください（基本方針の策定）。 120

Q5-12	マイナンバーを適正に取り扱うためのマニュアルは必要ですか？（取扱規程等の策定） 121

Q5-13	マイナンバーを適正に取り扱うために、組織として取り組むべき安全管理措置を教えてください（組織的安全管理措置）。 123

1 マイナンバーを取り扱うための社内体制の整備 …………………………123

| こんな時どうする? | マイナンバーを書き間違えて提出したら、どうなりますか? ……… 124 |

2 マイナンバーの適正な取扱いに関する記録 …………………………………… 124
3 マイナンバーの取扱状況を確認するために必要な事項 ………………………… 126
4 マイナンバーが漏えい、滅失または毀損した場合に備えるべき事項 ………… 127
5 マイナンバーの取扱いを改善するために必要な対応 ………………………… 128

| Q5-14 | マイナンバーを適正に取り扱うために従業員が取り組むべき安全管理措置を教えてください(人的安全管理措置)。 128 |

1 事務取扱担当者の監督 …………………………………………………………… 129
2 事務取扱担当者の教育 …………………………………………………………… 129

| Q5-15 | マイナンバーを紛失・盗難等から守るための安全管理措置を教えてください(物理的安全管理措置)。 130 |

1 マイナンバーを取り扱う場所と他の業務を行う場所との区分 ………………… 130

| こんな時どうする? | 自宅を事務所として使用している場合には… …………… 132 |

2 マイナンバーを保存した機器および電子媒体等を盗難等から守るための対応 … 132
3 事務所の外でマイナンバーを取り扱う際の対応 ……………………………… 133
4 マイナンバーの削除または廃棄の方法 ………………………………………… 134

| こんな時どうする? | マイナンバーの廃棄のためにシュレッダー等を準備できない場合には… 136 |

| Q5-16 | マイナンバーを情報技術により取り扱う場合の安全管理措置を教えてください(技術的安全管理措置)。 136 |

| こんな時どうする? | 事務にパソコン等を利用していない場合には… …………… 137 |

1 マイナンバーを取り扱う事務の範囲、事務に利用する特定個人情報の範囲、事務取扱担当者を制限するための対応 ……………………………………… 137
2 情報システムの事務取扱管理者を確認するための方法 ……………………… 138
3 外部からの不正アクセス等の防止策 …………………………………………… 139
4 マイナンバーをインターネット等により授受する場合の留意点 …………… 140
5 小規模な事業者における安全管理措置のイメージ …………………………… 141

<参考>行政機関等からの主な公表資料 …………………………… 142

本書では、法令等について下記のように略称を使用しています。

○マイナンバー法（番号法）
　行政手続における特定の個人を識別するための番号の利用等に関する法律（平成25年5月31日法律第27号）

○個人情報保護法
　個人情報の保護に関する法律（平成15年5月30日法律第57号）

○ガイドライン
　特定個人情報の適正な取扱いに関するガイドライン（事業者編）
　特定個人情報の適正な取扱いに関するガイドライン（行政機関等・地方公共団体等編）
　※本書では、特に「特定個人情報の適正な取扱いに関するガイドライン（事業者編）」について解説しています。

＊本書の内容は、2015（平成27）年10月20日現在の法令等によっています。

第1章 マイナンバーおよび特定個人情報の性質とリスクの考え方

　本章では、今回の保護の対象となるマイナンバーおよび特定個人情報（以下「特定個人情報等」といいます）の性質について解説します。

　特定個人情報等は個人情報でもありますが、一般的に取り扱われている個人情報と比べると、その特性が少し異なりますので、安全管理措置を説明する前に、その特性についての理解が必要と考えられます。

I　マイナンバーと他の番号との違い

Q1-1

マイナンバーの導入で、なにができるようになるのですか？

　マイナンバーは、日本に住民票を持っているすべての人に、1つずつ重複がないように、"見える番号"として割り当てられる番号で、情報漏えいが発生する等して不正に使われるおそれがある場合を除き[1]、原則として付番されてから以後、一生を通じて同じ番号となります。

　多くの個人や民間組織等がマイナンバーを利用するケースは、行政機関等に提出する書類等にマイナンバーの記載を求められたとき等に限られます。

　行政機関等では受け取った書類に記載されたマイナンバーを利用して、例えば、書類に記載された個人を識別し、個人情報の検索をします。マイナンバーが導入されることにより、行政機関等に提出する書類に添付していた書類等が不要となる場合があるほか、行政機関等における事務処理の効率化や行政サービスの質の向上、同姓同名を原因とする事務処理の誤りを防止できるようになります。

---

[1]　マイナンバーは、みだりに変更することはできないものと考えられます。

第1章　マイナンバーおよび特定個人情報の性質とリスクの考え方

Q1-2
マイナンバーと他の個人を識別する番号との違いはなんですか？

　個人に割り当てられる番号には、例えば社員番号やクレジットカード番号等があります。いずれも個人を識別するために割り当てられた番号ですが、マイナンバーとは性質が異なります。

　社員番号は会社の中で社員を識別することはできますが、社員ではない人は識別できません。また、出向等により、複数の社員番号を持つ場合があります。さらに、社員番号は会社がその利用用途を決めることができますし、社員番号を見ると、性別や何年にどこの部署に入社したのか等の情報がわかるようになっている場合があります。

　クレジットカード番号は全世界で発行されるクレジットカードに対して重複のないように付番されていますが、1人でいくつもの番号を持つことが可能である一方、クレジットカードを保有していない人もたくさんいます。クレジットカード番号は、最初の方の番号を見ると発行者がわかる仕組みになっており、最後の1桁はチェックデジット[2]になっています。また、クレジットカード番号は、通常はクレジットカード決済関連以外に利用することはありません。

　これらのように、割り振られる番号には、利用場面を想定して番号に意味を持たせていることがあります。他国の国民番号でも、意味のある番号が割り当てられている場合がありますが、マイナンバーの最初の11桁は意味を持たない数字の羅列になっていると聞いています（12桁目はチェックデジットです）。

　マイナンバーは、すべての国民に1つずつ重複のないように割り振られ、それ自身に意味を持たせないものであり、生まれてからずっと同じ番号を使い続けることとなります。他の個人の識別番号で、このような性質のものは思いつきません。

　健康保険番号も生まれてから死ぬまで一生を通じて番号が割り振られますが、就職したり家族構成が変わった等の要因で番号が変わることから、同じ番号を持ち続けるということはありません。

	識別対象	1人あたりの番号の保有数	番号に意味があるか
マイナンバー	日本に住民票を持っている人	1人に1つ	意味なし
社員番号	社員	複数の番号を持つ場合もある	意味がある場合もある
クレジットカード番号	クレジットカード保有者	持っていない人もいれば、複数持っている人もいる	意味がある

[2] 番号に誤りがないかどうかを検査することのできる数字のことをいいます。チェックデジット以外のすべての桁の数字を計算することにより得ることができます。

このように、これまでにない性質を持つマイナンバーの取扱いに関するリスクについては次節で説明します。

Ⅱ マイナンバーの取扱いに関するリスクの考え方

ここでは、マイナンバーを不正に入手するモチベーションとなりうる、「マイナンバーの悪用によりなにができるのか」、「長期間利用されるマイナンバーにはどのようなリスクがあるのか」を説明します。

Q1-3
マイナンバーが漏えいした際に、それだけで悪用されることがあるのですか？

マイナンバー制度の検討段階では、「個人情報の漏えい」、「財産その他の被害」、「国家による国民の情報の一元管理」等が懸念事項としてあげられていました。そこで、そのような懸念を払拭するために、マイナンバーの利用・提供・保管（廃棄）等の制限、特定個人情報保護委員会による監視・監督、マイナポータルによる情報提供等記録の確認等が、マイナンバー法で定められており悪用を抑止・防止するとともに悪用のおそれがある場合であっても確認が可能となっています。

以下に、マイナンバーを取り扱う主な場面としてマイナンバーの利用と提供の際の制限事項について説明するとともに、類似の諸外国の制度との違いについて説明します。

1 マイナンバーを利用できる場合

マイナンバーを利用できる場合として、主に以下の2つの事務があります。

①個人番号関係事務

事業者等が行政機関等に提出する書類にマイナンバーが求められている場合に、従業員等から提供されたマイナンバーを記載して提出し、必要な場合にその書類の控えを組織が保管したり本人に渡したりします。

このような事務を「個人番号関係事務」といいます。

第1章　マイナンバーおよび特定個人情報の性質とリスクの考え方

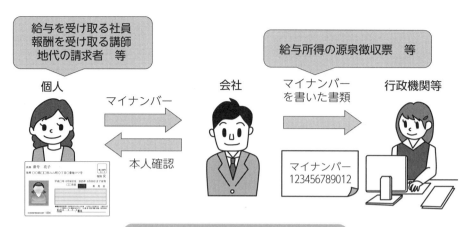

図1-1　個人番号関係事務のイメージ

②個人番号利用事務

行政機関等では、個人番号関係事務により提出された書類等に記載されたマイナンバーを用いて個人情報を検索する等して事務を行います。このような事務を「個人番号利用事務」といいます。

このほかに、金融機関が激甚災害の際に金銭の支払いをする場合や人の生命身体・財産の保護のために必要な場合等にマイナンバーを利用することができます。

このようなマイナンバーの利用については、マイナンバー法の第9条に記載されています。

> **Point　マイナンバー法第9条の記載**
>
> マイナンバーの利用について定めているのがマイナンバー法第9条ですが、少しわかりにくいので、できるだけ簡単な言葉で説明します。
>
> 以下の場合を除いてマイナンバーを利用してはいけません。
> ① マイナンバー法の別表第一に記載されている事務において必要な範囲でマイナンバーを利用することができます（個人番号利用事務）。
> ② 地方公共団体等は、条例で定めた範囲で、マイナンバーを利用することができます（個人番号利用事務）。
> ③ 個人番号関係事務でマイナンバーを利用することができます。
> ④ 金融機関が激甚災害の際に金銭の支払いをする際にマイナンバーを利用することができます。
> ⑤ 特定個人情報保護委員会、各議院および裁判所等が提供を求めた場合、人の生命身体・財

産の保護のために必要な場合、特定個人情報保護委員会の規則に基づき特定個人情報の提供を受けた者が利用する場合に、マイナンバーを利用することができます。

2 マイナンバーを提供できる場合

　マイナンバーをその内容に含む個人情報である特定個人情報を提供できる場合はこれらの事務を行う場合を含めて明確にマイナンバー法において規定されています。提供とは、法人格を超える情報のやり取りをいいます。したがって、会社内の部署間の情報のやり取り等は、提供には含まれません。
　マイナンバーを提供することについては、マイナンバー法第19条に記載されています。

Point　マイナンバー法第19条の記載

　特定個人情報の提供について定めているのがマイナンバー法第19条ですが、少しわかりにくいので、できるだけ簡単な言葉で説明します。

　以下の場合を除いて特定個人情報を提供してはなりません。
① 個人番号利用事務実施者からの提供の場合
② 個人番号関係事務のための提供の場合
③ 本人または代理人からの提供の場合
④ 地方公共団体情報システム機構が問い合わせに答える場合
⑤ 委託、合併に伴う提供の場合
⑥ 住民票の写し等にマイナンバーが記載される場合
⑦ 別表第二の記載に基づき情報提供ネットワークシステムを用いて提供する場合
⑧ 国税庁と地方公共団体が税情報について提供する場合
⑨ 条例に基づき地方公共団体内の異なる機関において提供する場合
⑩ 株式等振替制度を活用して提供する場合
⑪ 特定個人情報保護委員会が提供を求めた場合
⑫ 各議院および裁判所等が提供を求めた場合
⑬ 人の生命身体・財産の保護のために必要な場合
⑭ 特定個人情報保護委員会が規則で定めた場合

　なお、行政機関等や地方公共団体等における個人番号利用事務においてマイナンバーを用いて情報の照会・提供をする場合には、総務省が設置・運用する情報提供ネットワークシステム等の安全な経路を利用することとなっています。情報提供ネットワークシステムにおける情報

第1章　マイナンバーおよび特定個人情報の性質とリスクの考え方

の照会・提供は、特定個人情報保護委員会が監視・監督することになっています。

組織がマイナンバーを取得または個人が提供する場合には、その本人のものであることと、マイナンバーが正しいことを確認しなければなりません[3]。

そして、不要になったマイナンバーは廃棄しなければなりません。

3 マイナンバー制度と海外の類似制度との相違点

マイナンバーのリスクについて、米国の社会保障番号（Social Security Number）や韓国の住民登録番号と比較されることがあります。これらの番号は、たびたび大量に漏えいしたり不正入手されたりしたことにより、実際に悪用され、大きな問題となっています。これらの状況と並べて、マイナンバー制度には大きなリスクがあると指摘されることがありますが、マイナンバーは上記1および2に示したように、あらかじめ安全となるように設計され、また保護されていることから、そのような指摘は一概に正しいとはいえないと考えられます。

また、スウェーデンやエストニアのように、個人番号を多くの場面で利用できるようにするべきだとの議論がありますが、筆者は慎重な議論が必要だろうと考えています。前述したように個人に割り当てられる番号には様々な特性があることから、これらを統合することにより、どのようなインパクトがあるのかを慎重に検討する必要があるのではないかと考えています[4]。

このように、安全に設計されているマイナンバーを標的とした不正アクセスは考えにくく、愉快犯、売名行為、特定の組織を困らせる目的等でマイナンバーを窃取するか、他の機密情報をターゲットにした不正アクセスのついでにマイナンバーが漏えいしてしまうこと等が考えられます。

マイナンバーが漏えいしてしまった場合であっても、マイナンバーの取得時には本人確認が必要ですので、マイナンバーを他人が悪用することはできませんし、万が一、漏えいしたような場合には、マイナンバーは変更することができますので、迅速に対応することで被害を最小化することができます。

---

[3] 本書執筆時点では、本人確認の具体的な方法については、国税庁の解説資料が最もわかりやすいと思われます。
[4] マイナンバーを使わないで個人番号カードを使うことについてはそれほど抵抗はありませんが、やはり慎重な議論が必要と思われます。

Ⅱ　マイナンバーの取扱いに関するリスクの考え方

Q1-4
一生使い続けるマイナンバーの管理のしかたを教えてください。

　マイナンバーは国民が生まれてから一生を通じて同じ番号を利用します。このように長く利用し続ける番号を保護するという状況はあまり経験がないと考えられます。

　会社の存続に関わるような重要秘密情報は別ですが、一般的な営業機密や最先端技術等は5年から10年程度の間その内容が守られれば、機密保持に成功したといえるのではないでしょうか。

　このような機密保持のためには、暗号化やアクセス制御はとても有効に働きます。しかし、それ以上に長く保護しなければならない情報に対しては、暗号化や暗号技術を応用した技術のみでは不十分かもしれません。例えば、20年間有効な暗号技術は、ほぼ存在しないのではないかと、筆者は考えています。

　そのため、暗号技術を用いて「適切に」秘匿したマイナンバーであっても、標的型攻撃[5]等によって漏えいしてしまった場合では、いつかは解読されると考えられることから、マイナンバーが漏えいしたと仮定した対応を行わなければなりません。暗号化されたデータは復号できなければ意味がありませんので、時間をかければ解読されてしまうのは仕方がないといえます。

　ただし、暗号技術等によって適切に秘匿されていたマイナンバーが漏えいした場合には、実質的に直ちに影響があるとは考えにくいため、ある程度の余裕を持った対応ができるのではないかと、筆者は考えています。

　また、標的型ではない無差別型ウイルスへの感染による情報漏えいやUSBメモリの紛失等の場合であれば、適切に暗号化されたデータを復元されることはほぼないと考えられますし、標的型攻撃による情報漏えいであったとしても、適切に暗号化されたデータを復元されることはほとんどないといって良いでしょう。前者の場合には、攻撃者の目的がマイナンバーの復元ではないためモチベーションがありませんし、後者の場合であれば、入手したデータが容易に復元できないとわかった場合には情報取得のためにもっと簡単な方法を考えると思われます。

　さて、ここで、「適切に」というのは、例えば、適切な暗号アルゴリズム[6]を用い、暗号鍵の生成・保管・利用・更新・廃棄といったライフサイクル全体においてセキュリティが適切に運

---

[5] ある特定の組織を狙った攻撃などのように、不特定多数ではなくターゲットを明確にした攻撃を標的型攻撃といいます。
[6] 実際にデータを暗号化する方法を暗号アルゴリズムといいます。主な暗号アルゴリズムの例としてRSA、DES、AESなどがあります。

用されている状態をいいます。

　例えば、次のような状態が考えられます。
① 　電子政府推奨暗号リスト[7]に掲載されている暗号アルゴリズムを採用していること。
② 　暗号プロトコル評価サイト[8]の内容を参考にしていること。
③ 　暗号鍵の生成・保管に耐タンパ性[9]を有するハードウェアセキュリティモジュール[10]等を利用していること。
④ 　重要度の高いデータの場合には暗号技術を活用した秘密分散技術[11]を採用している。　等

　その一方で、電子政府推奨暗号リストに掲載されている暗号アルゴリズムを採用していたとしても、暗号鍵の管理が不適切である場合や、暗号化のための実装に脆弱性があり放置されている場合等では適切に運用されているとはいえないと考えられます。

　暗号化に限らず、セキュリティ対策というのは、一般的には、不正アクセスが成功するまでの時間稼ぎだと捉えることができます。高度な不正アクセスは完全に防ぎきることは難しいのですが、時間稼ぎならできます。時間稼ぎに十分な長さがあり攻撃者が解読を諦めてくれればそれが一番良いのですが、そうではない場合であっても、その時間稼ぎをしている間に、不正アクセスを検知して迅速に対処することにより被害を最小化することが重要です。

Ⅲ　特定個人情報の取扱いに関するリスクの考え方

　ここでは、個人情報にマイナンバーが紐づくことによる利便性の向上とその裏返しであるリスクの高まりについて説明します。

---

[7] CRYPTREC（日本政府による「暗号技術検討会」プロジェクト）が http://www.cryptrec.go.jp/images/cryptrec_ciphers_list_2013.pdf において公表しているものです。
[8] https://www.cellos-consortium.org/jp/
[9] 中のデータに無理やりアクセスしようとすることに対する耐性をいいます。例えば、不正を検知して初期化してしまう機能や、不正があったことが一目でわかるようにする機能などがあります。クレジットカードなどに利用されているICカードなどは、強い衝撃があると、ICカードのデータがすべて消えてしまう場合があります。また、ペットボトルのキャップやお菓子のパッケージなど、開封されたことがわかることで、様々な危険を回避できます。
[10] 暗号鍵のようにとても大事な情報を不正アクセスから守るために設計された機器のことをいいます。金庫のようなものを想像すれば良いと思います。
[11] 暗号技術を応用してデータを分割することによって、いくつかのデータの断片を揃えないと元に戻すことができないようにする技術のことをいいます。

Ⅲ　特定個人情報の取扱いに関するリスクの考え方

Q1-5
マイナンバー制度による利便性の向上と、利便性の向上に伴うリスクについて教えてください。

　マイナンバー制度による利便性の向上として、個人を確実に識別できるようになることが挙げられます。これを、1つの事務の中で個人を確実に識別できるようになることと、複数の事務で個人を確実に識別し情報連携できるようになることの2つの点から説明します。

1　1つの事務で個人を確実に識別できるようになること

　マイナンバーのような番号がない場合では、氏名・性別・生年月日・住所等で個人を識別（同定）するしかありませんでした。

　例えば、筆者の名前である「武本　敏」はそれほど多くありませんので、名前だけでほとんどの場合は私のことだろうと判断できますが、「山田　太郎」さんは、おそらく、それだけでは区別がつきません。また、「高橋さん」と「髙橋さん」は、同じ人か違う人か区別がつきませんし、髙橋さんの旧姓が「齋藤さん」なのに、「斉藤さん」としていた場合には、もっと話がややこしくなります。

　さらに、住所変更の手続をしておらず、同一人物なのに住所が異なっていたりすると、同姓同名なのか同一人物なのか区別がつきません。同じ住所であっても、「一丁目九番十三号」なのか「1-9-13」なのかを統一しないとコンピュータによる処理はとても面倒です。

　このように氏名や住所等で個人を識別する方法を「名寄せ」といいます。この名寄せの問題点を解決する方法が、マイナンバーなのです[12]。

---

[12]　実際に、市税滞納者の銀行預金の差押処分を誤って同姓同名の他人のものを差し押さえてしまった事例や、誤った書類を送付してしまった事例がありますので、色々な課題が指摘されています。

第1章　マイナンバーおよび特定個人情報の性質とリスクの考え方

	氏名	住所
1	武本　敏	○○県××市□□町1－2－3
2	髙橋　花子	○○県××市□□町9－8－7
3	髙橋　花子	○○県××市□□町九丁目八番七号□□アパート103号室
4	斎藤　花子	○○県××市□□町9－8－7
5	斉藤　花子	○○県××市□□町5－5－5
6	山田　太郎	○○県××市□□町5－6－7
7	山田　太郎	○○県××市□□町5－6－7

図1－2　名寄せの判断が難しい例

	氏名	マイナンバー	住所
1	武本　敏	123456789012	○○県××市□□町1－2－3
2	髙橋　花子	234567890123	○○県××市□□町9－8－7
3	髙橋　花子	234567890123	○○県××市□□町九丁目八番七号□□アパート103号室
4	斎藤　花子	234567890123	○○県××市□□町9－8－7
5	斉藤　花子	234567890123	○○県××市□□町5－5－5
6	山田　太郎	987654321012	○○県××市□□町5－6－7
7	山田　太郎	987654321012	○○県××市□□町5－6－7

図1－3　マイナンバーがあれば同一人物かがわかる

　図1－2と図1－3を見比べてみると、図1－2だけでは一見して誰と誰が同一人物なのか判断しきれないところがありますが、図1－3を見ると実は3人であったことがわかります。このように、マイナンバーはとても強力な名寄せのためのツールとなるのです。
　これまでも、行政サービスごとまたはサービス提供者ごとに振られた番号はありましたが、住民票を持つすべての者を識別することを可能にし、分野をまたいだ利用が可能となる番号は存在しませんでした。
　したがって、例えば引越しのときのように市区町村をまたいだ手続をする際には、様々な場面で所得証明等の添付書類を求められていたのですが、これからはマイナンバーを記載することで、これらの添付書類が不要となる場合があります。また、分野をまたいだ情報の連携ができるようになることから、行政サービスを利用することができる人に行政機関等により自動的に配信されるサービスであるプッシュ型でお知らせすることが可能となります。
　このように、行政サービスの効率化、正確さの向上、サービス品質の向上等が見込まれるマイナンバーですが、住所や氏名等の個人情報とともに特定個人情報として漏えいした場合には、その影響が大きくなることが予想されます。漏えいしてしまった情報の名寄せもマイナンバー

によって容易になってしまうことから、特定個人情報の漏えいは避けなければなりません。特に、マイナンバーとともに用いられる個人情報が社会保障や税に関わるものですから、通常は知られたくない情報と考えられます。このような情報の取扱いはこれまでも注意されてきたものと考えられますので、このタイミングで漏えい対策を見直しをしてみることが重要です。

2 情報連携ができるようになることのリスク

上記1で、マイナンバーにより組織や分野を超えて個人情報の連携が可能となることを説明しました。これまで、ある組織内でのみの利用を想定し、管理してきた個人情報を連携させるのですから、そのまま連携させたのでは明らかに安全性が下がることになります。そこで、マイナンバー法ではいくつかの保護措置を規定しています。

例えば、国の行政機関等および地方公共団体等に対しては、原則として特定個人情報ファイルを保有する前に特定個人情報保護評価を行うこと、情報連携には総務省が設置・運用する情報提供ネットワークシステム等の安全な経路を利用すること、情報提供等記録を保管すること、特定個人情報保護委員会が監視・監督すること等が規定されています。このような保護措置の組み合わせにより、大量の特定個人情報が漏えいするリスクを低減させています。

逆に、情報連携ができるようになるということは、特定個人情報ファイルがいくつか漏れてしまった場合に、漏れたデータ間で連携できるようになることを意味しますので、単体での情報漏えいよりもさらに被害が拡大します。そこで、マイナンバーの漏えいが疑われる場合には、マイナンバーの変更等の適切な対応を行い、被害の拡大を防ぐ必要があります[13]。

例えば、次頁の図1-4の例では、一見では同じ人がいないように見える名簿でも、マイナンバーを見比べることで、上の表の「高橋花子さん」と下の表の「斉藤花子さん」が同一人物であることがわかってしまうことから、この人がxxを受給していることと、ある年の所得額がわかってしまいます。

---

[13] 例えば、何らかの事情でクレジットカード番号を変更した場合には公共料金の自動引き落としなどの情報も同時に変更されるため、クレジットカードの利用者が実際に行う作業は多くありません。その一方で、マイナンバーを変更したことは誰にも伝わりませんので、マイナンバーを変更した場合には、所属している組織や利用している金融機関等にマイナンバーの変更について届け出る必要があります。

第1章　マイナンバーおよび特定個人情報の性質とリスクの考え方

	氏名	マイナンバー	××の受給状況
1	鈴木　一朗	345678901234	○
2	高橋　花子	234567890123	○
3	山田　太郎	987654321012	×

	氏名	マイナンバー	○○年度の所得額
1	佐藤　二郎	543210987654	xx,xxx,xxx,xxx
2	伊藤　一男	908765432109	yy,yyy,yyy,yyy
3	斉藤　花子	234567890123	zz,zzz,zzz,zzz

マイナンバーがなければわからないはずの、「高橋花子さん」と「斉藤花子さん」の情報が、マイナンバーが同じであることから、同じ人のものだということがわかってしまいます。

図1－4　マイナンバーによって情報が連結できてしまっている例

Q1-6
マイナンバーの取扱いに関する罰則の適用について教えてください。

　マイナンバーは漏えいさせてしまうと厳しい罰則があるとよく誤解されていますが、そうではありません。故意に漏えいさせてしまった場合には、重い罰則が適用になる可能性がありますが、通常の業務において過失によりマイナンバーを漏えいさせてしまったことに対しては、罰則が適用されることはないものと考えられます。

　マイナンバー制度における罰則は、主に、マイナンバーを窃取した場合、マイナンバーを故意に漏えいさせた場合、特定個人情報保護委員会からの勧告・命令等に違反した場合が考えられます。

　なお、マイナンバー制度における罰則には、両罰規定も含まれています。つまり、不正なことをした従業員がいた場合、その組織も罰則の適用となる可能性がありますので、組織は従業員の監督を十分に行う必要があると考えられます。

第2章 ガイドラインについて

　本章では、ガイドラインで触れられている安全管理措置を説明する前に、ガイドラインそのものについて説明します。

ガイドラインの策定

Q2-1
「特定個人情報の適正な取扱いに関するガイドライン」とはなんですか？

　特定個人情報保護委員会が策定・公表している、「特定個人情報の適正な取扱いに関するガイドライン（事業者編）」及び「特定個人情報の適正な取扱いに関するガイドライン（行政機関等・地方公共団体等編）」（以下「ガイドライン」といいます）は、マイナンバー法の解釈について具体例を交えて記載したものですから、「〜しなければならない」等と記載された事項について遵守されない場合には、法令違反と判断される可能性があります。

　ガイドラインの本編は法律の条文に沿った保護措置の解説を示しており、安全管理措置の詳細については別添として示しています。

　本書の読者は、主に安全管理措置の検討に関わる方だと思います。マイナンバー制度の正しい理解なくして、適切な安全管理措置を検討することはできませんのでマイナンバー法における保護措置はどのようなものかを、ガイドラインの本編を読んでご理解いただき、それを実現する安全管理措置をご検討ください。

Q2-2
ガイドライン策定の経緯を教えてください。

　ガイドラインの策定にあたっては、事務の実態に関するヒアリングの実施、検討会の開催、

第 2 章　ガイドラインについて

任意の意見照会、パブリックコメント等を経ています。この過程で浮かび上がった質問や論点等を整理して、具体例等を記載しています。また、パブリックコメントを含め、ガイドライン策定中および策定後に問い合わせの多かった事項をQ&A形式でも公開しています。

　特定個人情報も個人情報ですから、ガイドラインは、当時、各省庁で40種程度公開されていた個人情報の保護に関するガイドラインを参考にしています。安全管理措置の検討では、特に、消費者庁が策定している「ガイドラインの共通化の考え方について」と、金融分野及び経済産業分野のガイドラインの影響を多く受けています。

第3章 ガイドライン「(別添)特定個人情報に関する安全管理措置」を読む前に

安全管理措置を検討するにあたり、「(別添)特定個人情報に関する安全管理措置」のみを読まれる方もいらっしゃるかもしれませんが、正しく理解するためには、保護する対象についての理解が欠かせません。

そこで、本章では、ガイドラインの安全管理措置について理解するために最低限は必要と考えられることについて説明します。

I ガイドライン「(別添)特定個人情報に関する安全管理措置」の位置付け

Q3-1
「(別添)特定個人情報に関する安全管理措置」の想定読者は誰ですか?

マイナンバー法第12条には以下のように記述されています。

> 第12条　個人番号利用事務実施者及び個人番号関係事務実施者(以下「個人番号利用事務等実施者」という。)は、個人番号の漏えい、滅失又は毀損の防止その他の個人番号の適切な管理のために必要な措置を講じなければならない。
> 〔マイナンバー法第12条〕

個人情報保護法では、個人情報取扱事業者に安全管理措置を講ずる義務を規定していましたが、個人情報取扱事業者には適用除外がありました。しかし、マイナンバー法にはそのような適用除外に関する規定がありません。

したがって、マイナンバーを1件でも取り扱う個人番号利用事務実施者及び個人番号関係事務実施者は安全管理措置を講ずる必要があります。

第3章　ガイドライン「（別添）特定個人情報に関する安全管理措置」を読む前に

> （定義）
> 第2条
> 　（略）
> 　3　この法律において「個人情報取扱事業者」とは、個人情報データベース等を事業の用に供している者をいう。ただし、次に掲げる者を除く。
> 　　（一～四　略）
> 　　五　その取り扱う個人情報の量及び利用方法からみて個人の権利利益を害するおそれが少ないものとして政令で定める者
> 　　　（略）
>
> （安全管理措置）
> 第20条　個人情報取扱事業者は、その取り扱う個人データの漏えい、滅失又はき損の防止その他の個人データの安全管理のために必要かつ適切な措置を講じなければならない。
>
> 〔個人情報保護法より抜粋〕

> （個人情報取扱事業者から除外される者）
> 第2条　法第2条第3項第5号の政令で定める者は、その事業の用に供する個人情報データベース等を構成する個人情報によって識別される特定の個人の数（当該個人情報データベース等の全部又は一部が他人の作成に係る個人情報データベース等であって、次の各号のいずれかに該当するものを編集し、又は加工することなくその事業の用に供するときは、当該個人情報データベース等の全部又は一部を構成する個人情報によって識別される特定の個人の数を除く。）の合計が過去6月以内のいずれの日においても5,000を超えない者とする。
> 　（略）
>
> 〔個人情報保護法施行令より抜粋〕

　そこで、マイナンバーの安全管理措置は、このような「初めて個人情報保護を行う者」をメインターゲットに、安全管理措置の検討手順を示し、講ずべき安全管理措置を示しています。講ずべき安全管理措置における手法の例示も、今回初めて個人情報保護に取り組む方がイメージしやすいように、そのような方を想定して記載していますが、規模の大きく異なるすべての組織を対象として規定することは現実的ではないことから中小規模事業者における対応を別途示しています（中小規模事業者・小規模な事業者における対応は、第5章で詳細に説明します）。
　これまで個人情報保護法に基づいて安全管理措置を講じていた行政機関等、地方公共団体等、規模の大きな組織、プライバシーマークやISMS等の認証を取得している方等にとって、本ガイドラインには目新しさがないかもしれませんが、マイナンバーを取り扱い始めるこの機会

に、ガイドラインを用いてこれまでの取組みの実態を見直すことが重要ではないかと考えています。個人情報保護法が施行されてから10年程度が経過していますが、一度も安全管理措置を見直していない方も多いのではないでしょうか。

一方、個人情報取扱事業者等でなかった事業者の方には、ハードルが高いと感じられる記載もあるかもしれませんが、本書を参考に、その主旨をご理解いただいて、適切な安全管理措置を検討してください。

Q3-2 ガイドラインの「事業者編」と「行政機関等・地方公共団体等編」の違いを教えてください。

ガイドラインにおける「事業者編」と「行政機関等・地方公共団体等編」の違いは実質的にはありません。

「事業者編」は個人番号関係事務を想定して記載しているのに対し、「行政機関等・地方公共団体等編」は個人番号利用事務も想定しています。したがって、行政機関等・地方公共団体等に所属する方であっても、個人番号関係事務を担当する方は、「事業者編」が参考となると考えられます。

安全管理措置に関する記載については、行政機関等及び地方公共団体等におけるこれまでの個人情報保護の取組み実態を踏まえた記載としていること、中小規模の組織であっても同様の措置を求めていること等が主な違いです。

Ⅱ 安全管理措置を理解するために必要な主な用語

本節では、主に、マイナンバー制度における主な用語を説明します。

Q3-3 マイナンバーとはなんですか？

ガイドラインにおけるマイナンバーの定義に関係する箇所を見てみましょう。

第3章　ガイドライン「(別添)特定個人情報に関する安全管理措置」を読む前に

〈第2　用語の定義等〉の②
　番号法第7条第1項又は第2項の規定により、住民票コードを変換して得られる番号であって、当該住民票コードが記載された住民票に係る者を識別するために指定されるものをいう(番号法第2条第6項及び第7項、第8条並びに第67条並びに附則第3条第1項から第3項まで及び第5項における個人番号)。
【番号法第2条第5項】

〔ガイドラインより抜粋〕

〈第4-1-(1)　個人番号の利用制限〉の(注)
　「個人番号」には、個人番号に対応して、当該個人番号に代わって用いられる番号等も含まれる(番号法第2条第8項)。例えば、数字をアルファベットに読み替えるという法則に従って、個人番号をアルファベットに置き換えた場合であっても、当該アルファベットは「個人番号」に該当することとなる。一方、事業者が、社員を管理するために付している社員番号等(当該社員の個人番号を一定の法則に従って変換したものではないもの)は、「個人番号」には該当しない。

〔ガイドラインより抜粋〕

　用語の定義では、なにやら難しい表現となっていますが、「マイナンバー」とは、要するに皆様に通知されたマイナンバーのことを指します。
　2つ目に示した(注)部分はとても重要です。簡単にまとめると、マイナンバーを一定の法則で変換したものもマイナンバーと同じように取り扱わなければならないことを示しています。マイナンバー法の逐条解説には以下の記載があります。

　具体的には、以下のものが想定される。
・情報提供ネットワークシステムを使用した情報提供等の際に用いられる符号
・個人番号に1を足したものなど個人番号を脱法的に変換したもの
　ただし、住民票コードはその取扱いについて住民基本台帳法に基づき住民基本台帳制度において住民票に記載され使用されているものであり、本来的に「個人番号に対応し、当該個人番号に代わって用いられる」ことを目的として住民票に記載されているものではないことから、上記符号には該当しない(第2条第8項)。
　また、基礎年金番号や医療保険、介護保険、労働保険等の被保険者番号等、社会保障分野で用いる既存の記号番号も同様に該当しない。

〔「行政手続における特定の個人を識別するための番号の利用等に関する法律【逐条解説】(内閣府大臣官房番号制度担当室)」より抜粋〕

Ⅱ 安全管理措置を理解するために必要な主な用語

> **Point** 「一定の法則に従って変換したもの」の具体例
>
> 「一定の法則に従って変換したもの」には、ハッシュ関数などで一方向性変換したもの、暗号技術などを活用して秘匿したもの、バックアップに含まれるもの等、色々と考えられます。
> また、特定のアプリケーションを用いないと読み込みができない形式に変換されたものについても同様と考えられます。
> この変換は、1対1に対応するものに限られると考えられます。例えば、マイナンバーのすべての桁を0に変換した場合では、該当しないと考えて良いでしょう。

Q3-4 特定個人情報とはなんですか?

ガイドライン(事業者編)における「特定個人情報」の定義に関係する箇所を見てみましょう。ここでは、事業者編に基づき説明しますので、行政機関等・地方公共団体等編の読者の方は、マイナンバーの用語の定義をご確認ください。

> 〈第2 用語の定義等〉の③
> 　個人番号(個人番号に対応し、当該個人番号に代わって用いられる番号、記号その他の符号であって、住民票コード以外のものを含む。番号法第7条第1項及び第2項、第8条並びに第67条並びに附則第3条第1項から第3項まで及び第5項を除く。)をその内容に含む個人情報をいう。
> 【番号法第2条第8項】
> ※ 生存する個人の個人番号についても、特定個人情報に該当する(マイナンバー法第37条参照)。
> 〔ガイドラインより抜粋〕

特定個人情報とは、個人番号をその内容に含む個人情報ということです。次に個人情報の定義を見てみましょう。

> 〈第2 用語の定義等〉の①
> 　生存する個人に関する情報であって、当該情報に含まれる氏名、生年月日その他の記述等により特定の個人を識別することができるもの(他の情報と容易に照合することができ、それにより特定の個人を識別することができることとなるものを含む。)をいう。
> 【番号法第2条第3項、個人情報保護法第2条第1項】
> 〔ガイドラインより抜粋〕

第3章　ガイドライン「（別添）特定個人情報に関する安全管理措置」を読む前に

　個人情報は生存する人のものに限られます[14][15]ので、特定個人情報も生存する人のものに限定されるため注意が必要です。

　さて、安全管理措置の対象となる情報についてですが、マイナンバー法第12条ではマイナンバーの安全管理措置を講ずることとしているのは前述したとおりです。個人情報は生存する人のものに限定されますが、マイナンバーは死者のものも含みます。

　また、マイナンバーを含む情報は個人情報ですから、個人情報保護法に規定されている安全管理措置を講ずる必要があります。

　これらを整理すると、マイナンバーと個人情報を守ることが法的に規定されていることになるのですが、これをうまく表す言葉がありませんので、ガイドラインでは「特定個人情報等」という用語を定義して安全管理措置の対象としています。なお、個人情報の定義から外れる死者に関する情報も、法的な義務が課されていないだけで、必要に応じて保護する必要があることはいうまでもありません。

Q3-5 特定個人情報ファイルとはなんですか？

　ガイドライン（事業者編）における「特定個人情報ファイル」の定義を見てみましょう。ここでは、事業者編に基づき説明しますので、「行政機関等・地方公共団体等編」を参照される読者の方は、ガイドラインの用語の定義をご確認ください。

〈第2　用語の定義等〉の⑥
　個人番号をその内容に含む個人情報ファイルをいう。
【番号法第2条第9項】

〔ガイドラインより抜粋〕

---

[14] 消費者庁のホームページには次の記載があるため注意が必要です。「死者に関する情報が、同時に生存する遺族などに関する情報である場合（例：死者の家族関係に関する情報は、死者に関する情報であると同時に、生存する遺族に関する情報である場合がある）には、その遺族などに関する「個人情報」となります。」
[15] 地方公共団体における個人情報の保護に関する条例等における個人情報の定義は、マイナンバー法における個人情報の定義と異なる場合があるため注意が必要です。

Ⅱ 安全管理措置を理解するために必要な主な用語

次に、個人情報ファイルの定義を見てみましょう。

【第2　用語の定義等】の⑤
　個人情報データベース等であって、行政機関及び独立行政法人等以外の者が保有するものをいう。
【番号法第2条第4項】

〔ガイドラインより抜粋〕

次に、個人情報データベース等の定義を見てみましょう。

【第2　用語の定義等】の④
　個人情報を含む情報の集合物であって、特定の個人情報について電子計算機を用いて検索することができるように体系的に構成したもののほか、特定の個人情報を容易に検索することができるように体系的に構成したものとして「個人情報の保護に関する法律施行令」（平成15年政令第507号。以下「個人情報保護法施行令」という。）で定めるものをいう。
【個人情報保護法第2条第2項、個人情報保護法施行令第1条】

〔ガイドラインより抜粋〕

　つまり、個人情報を体系的に構成したものにマイナンバーが含まれていると、「特定個人情報ファイル」となります。

　人事・給与データベースにマイナンバーを追加する場合を想定してみましょう。その人事・給与データベースは特定個人情報ファイルとなります。また、マイナンバーを記載した扶養控除等申告書を保管している場合には、その扶養控除等申告書の束も特定個人情報ファイルとなります。

　この場合、人事・給与データベースにアクセスしている者のすべてを特定個人情報ファイルへのアクセス者とする必要があるかというと、必ずしもそうではないと考えられます。例えば、適切なアクセス制御等により、マイナンバーにアクセスできなくなっている人事・給与データベースへのアクセス者は、特定個人情報ファイルへのアクセス者としなくても良いと考えられます。また、物理的または論理的にマイナンバーとその他の個人情報等を分けて保管している場合であっても、仮想的にマイナンバーとともに利用される個人情報等は、特定個人情報ファイルの構成要素として捉えられます。

　つまり、特定個人情報ファイルへのアクセス者であるか否か及び特定個人情報ファイルの範囲については、システム構成のみではなく、事務における利用の実態を踏まえる必要があります。このことが、システムエンジニアが混乱する要因となっていると考えられます。

　以下に、いくつかの例を用いて、説明します。

第3章　ガイドライン「(別添)特定個人情報に関する安全管理措置」を読む前に

1　1つのデータベースにマイナンバーと個人情報が格納されている場合

　物理的、論理的または仮想化して1つのデータベースにマイナンバーを格納して利用している場合には、そのデータベースが特定個人情報ファイルとなります。

　データベースにアクセス制御等が行われていない場合には、そのデータベース全体を特定個人情報として捉えることとなると考えられます。
　適切なアクセス制御等がされている場合には、マイナンバーとともに用いられる範囲が、特定個人情報ファイルであると捉えることができます。その範囲において、アクセス制御を含めた適切な安全管理措置を講ずることとなります。

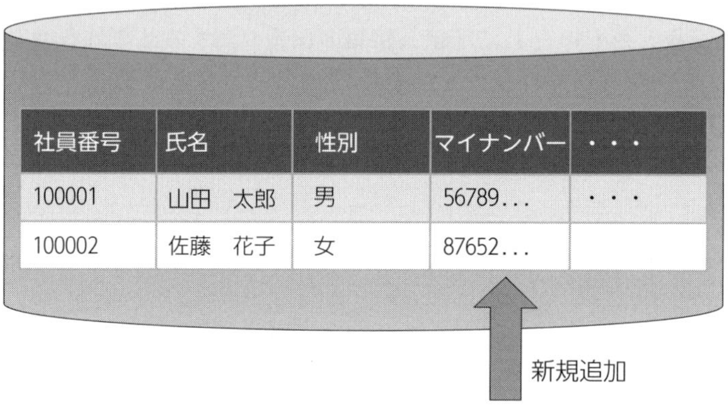

社員番号	氏名	性別	マイナンバー	･･･
100001	山田　太郎	男	56789…	･･･
100002	佐藤　花子	女	87652…	

↑新規追加

図3－1　既存のデータベースにマイナンバーを追加するイメージ

2　複数のデータベースにマイナンバーと個人情報が分散されて格納されている場合

　重要度の異なる情報は、異なるデータベースとして設計し、それぞれ適切な安全管理措置を講ずることが考えられます。マイナンバーと連携する個人情報等については、少なくとも、特定個人情報等として必要かつ適切な安全管理措置を講ずる必要があります。
　マイナンバーと連携するデータベースがアクセス制御できていれば、マイナンバーと連携する部分にのみガイドラインに基づく安全管理措置を講ずれば良いのですが、そうでない場合には、当該データベース全体に安全管理措置を講ずる必要があると考えられます。

Ⅱ　安全管理措置を理解するために必要な主な用語

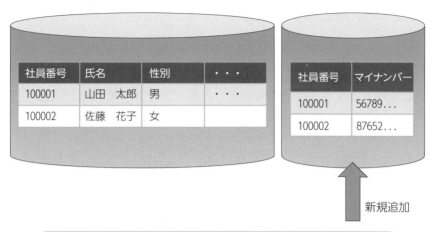

図3-2　複数のデータベースでマイナンバーを管理するイメージ

Q3-6
マイナンバー制度における委託と再委託の考え方について教えてください。

　どのような場合にマイナンバー法における委託となるかについては、Q&Aに示されていますが、要するにその外注先がマイナンバーを取り扱うか否かが基準となっています。マイナンバー法における委託となる場合には、委託先が再委託する場合に委託元の許諾が必要になり、かつ、委託先を監督しなければなりません。そうでない場合であっても、必要な場合には再委託の是非の判断や委託先の監督をすることとなると考えられます。

　また、委託先が国外であること自体は問題になるとは考えにくいですが、国外であってもマイナンバー法が遵守されること（不適切な提供等が発生しない等）が求められます。もし、遵守状況の確認が難しい場合には、マイナンバーの取扱い以外を委託し、マイナンバーの取扱いのみを自組織でマイナンバー法を遵守して行う（またはマイナンバー法を遵守する国内の委託先を選定する）等の運用による工夫が必要となります。

　ここで、マイナンバー法における委託となる場合とならない場合について、判断が難しいと考えられるいくつかの例について説明します。

　委託となる場合には、委託者が、委託先における特定個人情報の取扱いについて監督しなければなりません。①委託先選定時、②契約締結時、③委託中のそれぞれのタイミングで注意が必要です。委託とならない場合であっても、外注先に対してなにもしなくて良いのではなく、その内容に応じた適切な措置を講ずることが必要です。

第3章　ガイドライン「(別添) 特定個人情報に関する安全管理措置」を読む前に

1 クラウドサービス等に関する場合

　クラウドサービス[16]によって個人番号利用事務または個人番号関係事務の一部を提供している事業者の多くは、マイナンバー法における委託先となりうると考えられます。

　個人番号利用事務または個人番号関係事務の一部または全部をSaaS[17]として提供している場合はマイナンバー法における委託先に該当することが多いと考えられます。例えば、人事・給与事務や経理事務等のクラウドサービス等が該当すると考えられます。

　次にPaaS[18]事業者ですが、単純にコンピュータリソースのみを提供する契約となっており、PaaS事業者がPaaS上のデータにアクセスできないようにアクセス制御がされていれば、マイナンバーにアクセスしないので委託に該当しないと考えられます。しかし、非常時にデータベースを直接操作するような、運用・保守等に関する契約を結んでいる場合には、委託として取り扱う必要があると考えられます(その都度、委託契約を結ぶという方法も考えられます)。また、PaaS事業者のプラットフォーム上で、SaaS事業者がサービスを提供していることが考えられますが、この場合も、これまでの説明と同じように考えれば良いと考えられます。

　IaaS[19]事業者の場合の注意点としては、機器の保守が考えられます。機器の故障等が考えられる場合にマイナンバーを含むデータにアクセスする可能性があれば、委託に該当すると考えられます。

> Q3-12　特定個人情報を取り扱う情報システムにクラウドサービス契約のように外部の事業者を活用している場合、番号法上の委託に該当しますか。
>
> A3-12　当該事業者が当該契約内容を履行するに当たって個人番号をその内容に含む電子データを取り扱うのかどうかが基準となります。当該事業者が個人番号をその内容に含む電子データを取り扱わない場合には、そもそも、個人番号関係事務又は個人番号利用事務の全部又は一部の委託を受けたとみることはできませんので、番号法上の委託には該当しません。

---

[16] 多くの場合、インターネット回線を経由してITを活用したサービスを提供することをクラウドサービスといいます。
[17] クラウドサービスのうち、インターネット回線を経由してソフトウェアを提供するサービスのことをSaaSといいます。例えば、給与システムや経理システムなどをインターネット経由で提供している場合などがあります。
[18] クラウドサービスのうち、インターネット回線を経由してシステム環境を提供するサービスのことをPaaSといいます。PaaSの利用者は、そのシステム環境にソフトウェアをインストールするなどして利用します。
[19] クラウドサービスのうち、インターネット回線を経由した先でサーバー機器を提供するサービスをいいます。IaaSの利用者は、その機器に必要なソフトウェアをインストールするなどして利用します。

> 当該事業者が個人番号をその内容に含む電子データを取り扱わない場合とは、契約条項によって当該事業者が個人番号をその内容に含む電子データを取り扱わない旨が定められており、適切にアクセス制御を行っている場合等が考えられます。
>
> 〔「特定個人情報の適正な取扱いに関するガイドライン(事業者編)」及び「(別冊)金融業務における特定個人情報の適正な取扱いに関するガイドライン」に関するQ&Aより抜粋〕

2 保管に関する場合

　個人番号関係事務または個人番号利用事務等において発生した控え書類の保管やバックアップ媒体の保管等を外注することが考えられます。

　この場合はアクセス制限がカギとなります。外注先が保管しているものの中身にアクセスしない契約になっていることと、実際にアクセスできないような制御ができていれば、委託に該当しないと考えられますが、そうでない場合には委託として取り扱う必要があると考えられます。

　例えば、控え書類等の保管において外部の倉庫業者を利用する場合、ダンボールに詰めた控え書類等をそのまま保管し、保管場所の鍵を利用者が管理する場合等においては、倉庫業者は控え書類がなにであるかわからないこと、及び控え書類を見ることができないことから、この場合は委託に該当しないと考えられます。

　その一方で、保管の際にマイナンバーを利用して、それに基づいて書類の整理をすることを含めている場合や、マイナンバーが記載された書類であることを明確にして書類の保管を依頼している場合には、委託に該当する可能性があります。

3 廃棄に関する場合

　マイナンバーの廃棄は、マイナンバー制度の大きな特徴となっています。廃棄についての説明は後述しますが、この廃棄を専門業者に外注することが考えられます。

　例えば、外注業者にダンボール箱に詰めた廃棄物を渡し、外注業者がダンボール箱のまま溶解・破砕等する場合には、委託に当たらないと考えられます。その一方で、外注業者がダンボールを開けてしまうことが想定される場合には注意しなければなりません。通常では、廃棄対象物の中身を見ているとは考え難いので、あまり問題とはならないものと考えます。

第4章 マイナンバーにおける安全管理措置
——原則的な取扱い

　本章では、安全管理措置の各項目の詳細について説明します（中小規模事業者向けの説明は次章で説明します）。わかりにくいと考えられる部分に関する補足に加え、特に規模の大きな事業者にとっても参考となると考えられる事項についても説明します。

　また、詳細な説明をしている箇所では、ITに精通していない方には難しい内容があるかもしれませんが、概要の部分だけは確認してください。

I　マイナンバーが想定する個人番号関係事務の流れと安全管理措置の関係

　マイナンバーに関する安全管理措置の詳細について説明する前に、個人番号関係事務における事務手続の例を示すとともに、その事務手続で必要となる安全管理措置について説明します。

Q4-1
事業者がマイナンバーを取り扱う個人番号関係事務とはなんですか？

　事業者がマイナンバーを取り扱う場合の個人番号関係事務は、以下のとおりです。

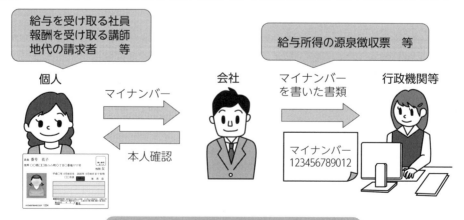

図4-1　個人番号関係事務のイメージ（再掲）

Ⅰ　マイナンバーが想定する個人番号関係事務の流れと安全管理措置の関係

> ①　事業者は、従業員を含む個人からマイナンバーを取得します〔取得〕。
> ②　そして、必要に応じて行政機関等が指定する書類にマイナンバーを転記し、行政機関等に提出します〔利用・提供〕。
> ③　必要に応じてマイナンバーを保存します〔保存〕。
> ④　その後、不要となったマイナンバーを適切に削除・廃棄します〔廃棄〕。

この取得、利用、保存、提供、廃棄のフローの例に基づいて、講ずべき安全管理措置のポイントを示します。

Q4-2　マイナンバーを取得するときに気をつけるべきことはなんですか？

　マイナンバーを従業員やその他の個人（金銭の支払先等）から取得する際には、個人番号カードや通知カード等を用いて手渡しで取得する場合や、スマートフォンや社内の情報システムを用いて取得する場合、マイナンバーの取得を外部委託する場合等が考えられます。
　いずれの場合であっても、マイナンバーを取得する場合には、本人の身元の確認とマイナンバーが正しいことを確認しなければなりません。

図4－2　マイナンバーを取得するイメージ

1　社員等から書類等により手渡しで取得する場合

　社員等からマイナンバーを手渡しで取得する場合、マイナンバーを担当者が受け取った後に、

第4章　マイナンバーにおける安全管理措置——原則的な取扱い

マイナンバーを管理する部署に送付し、マイナンバーを管理する部署で情報システム等にマイナンバーを入力することが考えられます。

　この場合の、安全管理措置の主なポイントは、以下のとおりと考えられます（以下、矢印の後については、ガイドラインの「（別添）特定個人情報に関する安全管理措置（事業者編）」の②講ずべき安全管理措置の内容の項目を、またかっこ内は本書の参照ページを示しています）。

> ① マイナンバーを取得する際に、覗き見られたりしないこと
>   → E 物理的安全管理措置　a 特定個人情報等を取り扱う区域の管理（59ページ）
> ② マイナンバーを取得した場所から、実際に取り扱う部署に送付する際に、マイナンバーを見られないようにすること
>   → E 物理的安全管理措置　c 電子媒体等を持ち出す場合の漏えい等の防止（63ページ）
> ③ マイナンバーを情報システム等に入力する際に、覗き見られたりしないこと
>   → E 物理的安全管理措置　a 特定個人情報等を取り扱う区域の管理（59ページ）
> ④ マイナンバーを情報システム等に入力する場合に不正アクセス等がないこと
>   → F 技術的安全管理措置（69ページ）

●社屋の外でマイナンバーを取得する際の留意点

　その一方で、講師への謝金の支払いや地代の支払い等に伴うマイナンバーの取得では、社屋の外でマイナンバーを取得することが考えられます。この場合における安全管理措置の主なポイントは以下のとおりと考えられます。

> ① マイナンバーを持ち帰る際に、覗き見られたり紛失したりしないこと
>   → E 物理的安全管理措置　c 電子媒体等を持ち出す場合の漏えい等の防止（63ページ）
> ② マイナンバーを情報システム等に入力する際に、覗き見られたりしないこと
>   → E 物理的安全管理措置　a 特定個人情報等を取り扱う区域の管理（59ページ）
> ③ マイナンバーを情報システム等に入力する場合に不正アクセス等がないこと
>   → F 技術的安全管理措置（69ページ）

2 スマートフォンや情報システムを利用する場合

　IT化の進んだ組織等では、ITを活用してマイナンバーを取得することが考えられます。特に、社員数が多くなればなるほど、効率的に収集することへの要求は高まると考えられます。

Ⅰ　マイナンバーが想定する個人番号関係事務の流れと安全管理措置の関係

効率的に収集することを検討することも重要ですが、その安全性も同時に検討しなければなりません。十分に安全性を検討した結果として、ITの活用を見送り、書類等を用いた事務の流れとすることも十分に考えられます。

社内LANのみを用いた情報システムでのマイナンバーの収集の場合には、それほど大きな問題は発生しないだろうと考えられます。

その一方で、スマートフォン等を用いて、個人番号カードまたは通知カードの写真を撮影してメール等で送付するような運用を考えている場合には、注意が必要です。

このような場合における安全管理措置の主なポイントは以下のとおりと考えられます。

---

① 個人番号カードまたは通知カードを撮影した写真をメール等で送信する際に情報漏えいをしないこと
　　→　F 技術的安全管理措置　d 情報漏えい等の防止（78ページ）
② 不要となった個人番号カードまたは通知カードの写真を、スマートフォン等から速やかに削除すること
　　→　E 物理的安全管理措置　d 個人番号の削除、機器及び電子媒体等の廃棄（66ページ）

3　マイナンバーの取得を外部委託する場合

マイナンバーの取得を外部委託により行う場合、外部委託業者の多くは、インターネットを経由してマイナンバーを取得するものと考えられます。この場合には、上記「2 スマートフォンや情報システムを利用する場合」における注意点に加え、外部委託先からのマイナンバーの受取りにおいて情報漏えい等が発生しないように、注意が必要と考えられます。このような場合における安全管理措置の主なポイントは以下のとおりと考えられます。

---

① 外部委託先から書類等でマイナンバーを受け取る場合
　　→　E 物理的安全管理措置　c 電子媒体等を持ち出す場合の漏えい等の防止（63ページ）
② 外部委託先から電子データとしてマイナンバーを受け取る場合
　　→　F 技術的安全管理措置　d 情報漏えい等の防止（78ページ）

なお、外部委託先への必要かつ適切な監督及び外部委託先が再委託をする際の許諾が必要となることは、いうまでもありません。

第4章　マイナンバーにおける安全管理措置——原則的な取扱い

Q4-3
マイナンバーを利用するときに気をつけることはなんですか？

　個人番号関係事務において事業者等がマイナンバーを利用する場面は、前述したとおり、行政機関等に提出する書類等にマイナンバーを記載する欄がある場合に、そこに転記することだけに限られます。

図4－3　マイナンバーを利用するイメージ

1　大規模な情報システムを用いてマイナンバーを利用する場合

　大規模な情報システムを用いてマイナンバーを利用する場合には、一般的には、以下の手順となることが考えられます。

> ①　情報システムへのログイン
> ②　マイナンバーの画面への表示
> ③　帳票類の出力指示
> ④　帳票類を書類として出力する場合にはプリンタから出力
> ⑤　帳票類を電子データとして出力する場合にはファイルへ出力

　これらのすべての手順において、「F 技術的安全管理措置」(69ページ)が必要となることはいうまでもありません。必要な者に必要なだけのマイナンバーが表示されること、情報システムが不正アクセスから保護されていること等が必要です。
　また、これらの操作をしている最中に、むやみに他の者に画面を覗き込まれることのないよう、そして情報システムに他の従業員が触れることがないよう、「E 物理的安全管理措置　a 特定個人情報等を取り扱う区域の管理」(59ページ)が必要となります。
　特に、④の手順において、プリンタが他の業務と共用である場合には注意が必要です。プリ

Ⅰ　マイナンバーが想定する個人番号関係事務の流れと安全管理措置の関係

ンタ出力中に、他の従業員等がプリンタに近づかないようにする等の工夫が必要となるでしょう。または、印刷開始ボタンを押すと同時にプリンタの設置場所に行って、出力した書類等を他の従業員等に見られないようにすることも考えられます。

⑤の手順においては、「F　技術的安全管理措置　d　情報漏えい等の防止」（78ページ）が必要です。ただし、e-Taxへの電子申請時等のように、電子データに対して暗号化やパスワードの設定ができない場合には、e-Taxでの電子申請が終了後に速やかに削除する等の工夫が必要でしょう。

2　マイナンバーを取り扱う情報システムを外部委託している場合

マイナンバーを取り扱う情報システムを外部委託している場合の多くは、クラウド型のサービスを利用している場合と考えられます。この場合も、多くの場合は、上記「1大規模な情報システムを用いてマイナンバーを利用する場合」とほぼ同様となることが考えられますので、そちらを参考にしてください。

この両者の大きな違いは、情報システムの利用時にインターネットを経由することにより、なりすましや情報漏えいのリスクが高まることです。そこで、特に「①　情報システムへのログイン」の際のログイン方法及び委託先との通信の暗号化について注意が必要です。

なお、外部委託先への必要かつ適切な監督及び外部委託先が再委託をする際の許諾が必要となることは、いうまでもありません。

3　マイナンバーの利用を外部委託している場合

マイナンバーの利用を外部委託している場合において、適切な外部委託先を選定していて、外部委託先への必要かつ適切な監督を実施している場合には、マイナンバーの利用には注意すべきポイントはないものと考えられます。ただし、マイナンバーの利用に必要な情報の授受や控え書類等の授受に際しては、情報漏えいや紛失等のリスクがありますので、以下の点に注意が必要です。

> ①　外部委託先と書類等で情報を授受する場合
> 　　→　E　物理的安全管理措置　c　電子媒体等を持ち出す場合の漏えい等の防止（63ページ）
> ②　外部委託先と電子データでマイナンバーを授受する場合
> 　　→　F　技術的安全管理措置　d　情報漏えい等の防止（78ページ）

第4章　マイナンバーにおける安全管理措置——原則的な取扱い

Q4-4
マイナンバーを保存するときに気をつけることはなんですか？

　個人番号関係事務において、マイナンバーを保存する場面は、主に、従業員等のマイナンバーを保存することと、マイナンバーを記載した書類等の控えを保存することの2つが考えられます。

図4-4　マイナンバーを保存するイメージ

1 大規模な情報システムを用いてマイナンバーを保存する場合

　大規模な情報システムを用いてマイナンバーを保存する場合には、一般的には、以下の手順となることが考えられます。

> ①　情報システムへのログイン
> ②　マイナンバー保存画面への入力
> ③　マイナンバーの保存指示

　これらのすべての手順において、「F　技術的安全管理措置」（69ページ）が必要となることはいうまでもありません。必要な者に必要なだけのマイナンバーが表示されること、情報システムが不正アクセスから保護されていること等が必要です。
　なお、マイナンバーは不要になった場合に削除しなければなりませんので、「②　マイナンバー保存画面への入力」の際に削除条件を入力し、データベースに削除条件とともに保存する等の方法により、**マイナンバーの削除が抜け漏れなく自動的に行われるようにするための工夫**が必要と考えられます。

Ⅰ　マイナンバーが想定する個人番号関係事務の流れと安全管理措置の関係

2　マイナンバーが記載された書類を保存する場合

　マイナンバーが記載された書類を保存する場合の多くは、控え書類等の保存と考えられます。控え書類の保存では、今までの重要書類の保存と同様に、みだりに他の従業員等に見られないように、鍵のかかる書庫等に保存をすることが考えられます。

　なお、マイナンバーは不要となった場合には削除または廃棄しなければならないため、書類等を綴じてあるファイルの背表紙等に廃棄予定日を記載するなど、**確実に廃棄を実施する**ための工夫が必要と考えられます。

3　マイナンバーの保存を外部委託している場合

　マイナンバーの保存を外部委託する場合には、次のケースが考えられます。
① 　外部のマイナンバー収集保存サービスを利用している場合
② 　マイナンバーの利用を外部委託していて保存も委託の範囲に含んでいる場合
③ 　倉庫業者等に控え書類を預けている場合
①及び②の場合は、前述したそれぞれの項目を参考にしてください。
③の場合には、倉庫業者に書類等が見られないようにする工夫が必要と考えられます。他の書類等を預ける場合と同様と考えられますので、このタイミングで見直してみると良いでしょう。

Q4-5
マイナンバーを提供するときに気をつけることはなんですか？

　個人番号関係事務において、マイナンバーを提供する場合は、通常の場合では、次の場合に限られます。

> ① 　行政機関等に書類等を提出する場合
> ② 　個人番号関係事務の一部または全部を委託する場合に必要な情報を委託先に渡す場合

第4章　マイナンバーにおける安全管理措置──原則的な取扱い

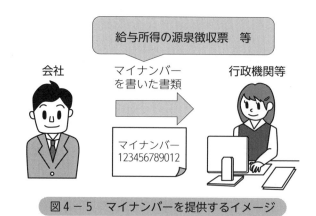

図4-5　マイナンバーを提供するイメージ

1 電子データで提供する場合

①の場合、電子データで提供するケースとしては、e-Tax等の電子申請システムを用いる場合が考えられます。この場合には、**電子申請システムが提供する安全管理措置を適切に利用すること**となります。

②の場合、電子データで提供する際に電子媒体で提供する場合は「E 物理的安全管理措置　c 電子媒体等を持ち出す場合の漏えい等の防止」(63ページ)、インターネット等を用いて提供する場合には「F 技術的安全管理措置　d 情報漏えい等の防止」(78ページ)を遵守する必要があります。

2 書類を提供する場合

書類を提供する場合は、いずれの場合であっても、「E 物理的安全管理措置　c 電子媒体等を持ち出す場合の漏えい等の防止」(63ページ)を遵守する必要があります。書類等を運ぶ際のひったくりや車上荒らし、置き引き、飲酒による書類紛失等が非常に多く発生していますので、これらへの対策が重要と考えられます。

Q4-6
マイナンバーを削除・廃棄するときに気をつけることはなんですか？

マイナンバーは、不要となった場合には削除・廃棄しなければなりません。いずれも「E 物理的安全管理措置　d 個人番号の削除、機器及び電子媒体等の廃棄」(66ページ)を遵守する必要があります。

事務取扱担当者　不要になったマイナンバーを書いた書類を廃棄

図4-6　マイナンバーを廃棄するイメージ

Ⅱ　安全管理措置の検討手順

　特定個人情報等は個人情報ですから、既に個人情報の安全管理措置を講じている企業、特にISMSやプライバシーマーク等の認証を取得している組織では、これまでの個人情報の安全管理措置の検討手順と、特定個人情報等の安全管理措置の検討手順は、大きく変わることはありません。したがって、これまでの慣れ親しんだ手順や帳票等を活用し、次のA～Eに示す手順を踏まえ、マイナンバーの取扱いに関する安全管理措置を検討すれば良いでしょう。

　その一方で、これまで安全管理措置を検討したことのなかった組織では、ガイドラインに記載されているような手順で安全管理措置を検討しましょう。

　ここでは、ガイドラインの事業者編をベースに説明しますが、行政機関等・地方公共団体等編の読者も大きく変わることはないと考えられます。

Q4-7

マイナンバーの取扱いに関する安全措置について、どのような手順を検討すれば良いですか？

ガイドラインには以下のように記載されています。

　事業者は、特定個人情報等の取扱いに関する安全管理措置について、次のような手順で検討を行う必要がある。
　A　個人番号を取り扱う事務の範囲の明確化
　　事業者は、個人番号関係事務又は個人番号利用事務の範囲を明確にしておかなければならない。
　B　特定個人情報等の範囲の明確化

事業者は、Aで明確化した事務において取り扱う特定個人情報等の範囲を明確にしておかなければならない(注)。
　（注）特定個人情報等の範囲を明確にするとは、事務において使用される個人番号及び個人番号と関連付けて管理される個人情報（氏名、生年月日等）の範囲を明確にすることをいう。
C　事務取扱担当者の明確化
　事業者は、Aで明確化した事務に従事する事務取扱担当者を明確にしておかなければならない。
D　基本方針の策定
　特定個人情報等の適正な取扱いの確保について組織として取り組むために、基本方針を策定することが重要である。
E　取扱規程等の策定
　事業者は、A〜Cで明確化した事務における特定個人情報等の適正な取扱いを確保するために、取扱規程等を策定しなければならない。

　これを見ればお気づきかもしれませんが、一般的な情報セキュリティ対策や個人情報保護における検討手順と大きく変わりません。情報資産の洗い出しを行い、リスクへの対応方針を検討し、それを取扱規程等に反映させることになります。
　それでは、このA〜Eのそれぞれについて説明します。

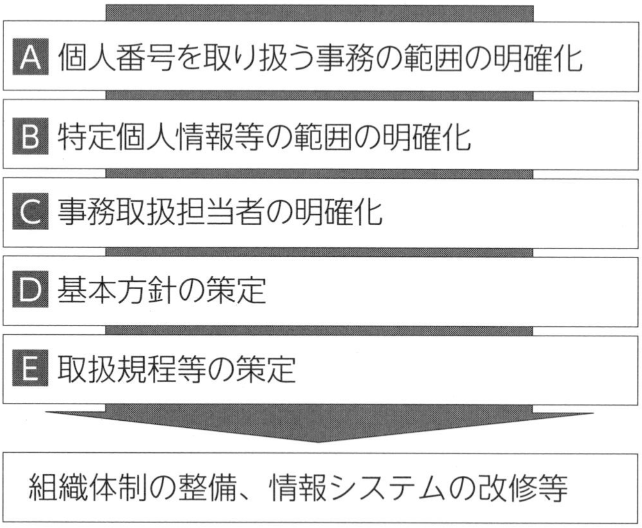

```
A 個人番号を取り扱う事務の範囲の明確化
B 特定個人情報等の範囲の明確化
C 事務取扱担当者の明確化
D 基本方針の策定
E 取扱規程等の策定
        ↓
組織体制の整備、情報システムの改修等
```

図4−7　安全管理措置の検討手順

Ⅱ 安全管理措置の検討手順

A 個人番号を取り扱う事務の範囲の明確化

マイナンバー法は、マイナンバーを利用できる事務の範囲を制限していますので、マイナンバー法で規定されている範囲内でのみ、マイナンバーを利用するようにしなければなりません。そのためには、組織の中でどのような事務でマイナンバーを利用するのかを明確化しなければなりません。

一般的な事業者では、個人番号関係事務でのみマイナンバーを利用します。つまり、行政機関等が指定した帳票にマイナンバーを記載することでのみマイナンバーを利用することになります。具体的に、どの帳票にマイナンバーを記載する必要があるのかは、それぞれの制度を所管する省庁において、省令等で定めます。例えば、社会保障関係であれば厚生労働省のホームページにおいて、税関係であれば国税庁のホームページにおいて、情報が公開されています。

行政機関等、地方公共団体および健保組合等では、個人番号関係事務に加えて個人番号利用事務にマイナンバーを利用します。こちらは、マイナンバー法または条例に規定されている事務でのみ利用することができることから、これらに関係する事務であって、マイナンバーを利用する範囲を明確化しておく必要があります。

図4-8　個人番号を取り扱う事務の範囲の明確化(例)

B 特定個人情報の範囲の明確化

「A個人番号を取り扱う事務の範囲の明確化」において明確化された事務において利用する特定個人情報を明確化することにより、安全管理措置を講ずる対象を明確化します。

マイナンバーを取り扱う事務において、個人情報のうちどのような情報が必要となるのか、誰が当該事務の対象となるのかを明確にすることが考えられます。また、その特定個人情報等の保管の形態等も明確化しておくと、安全管理措置の検討に役立つと考えられます。

例えば、給与所得の源泉徴収票を作成するにあたり、氏名およびマイナンバーは必要となり

第4章 マイナンバーにおける安全管理措置——原則的な取扱い

ますが、性別および社内の所属は不要と考えられます。

このように、明確化された特定個人情報等の範囲のみを用いて、それぞれの事務が進められるよう、アクセス制御等を講ずることが重要となります。

また、この時に、明確化された特定個人情報等の範囲の重要性を検討しておくと、その後の具体的な安全管理措置の検討に役立ちます。具体的には、情報漏えい等による影響の大きさ、利用頻度、数量等に基づき、特定個人情報等を暗号化して保管するか否か、どの程度に厳密なアクセス制御を講ずるか、バックアップを取得するか否か、バックアップを取得する場合の頻度や形態等について判断します。

氏名	個人番号	性別	...	所属	年税額
番号太郎	123456...	男	...	○課	xxx,xxx
番号花子	234567...	女	...	△課	xxx,xxx
難波一郎	345678...	男	...	●部	xxx,xxx
難波次郎		男	...	退職	

枠で囲った範囲の特定個人情報を取り扱うことを示しています。

図4－9　特定個人情報の範囲の明確化(例)

C 事務取扱担当者の明確化

「A 個人番号を取り扱う事務の範囲の明確化」において明確化された事務において、実際にマイナンバーを取り扱う事務取扱担当者を明確化することにより、安全管理措置の対象を明確化します。

事務取扱担当者の明確化は、部署名（○○課、○○係等）、事務名（○○事務担当者）等により、担当者が明確になれば十分であると考えられます。ただし、部署名等により事務取扱担当者の範囲が明確化できない場合には、事務取扱担当者を指名する等を行う必要があると考えられます。

また、情報システムを用いてマイナンバーを取り扱う場合には、当該情報システムが備えているユーザー情報に基づくアクセス制御の単位に応じた事務取扱担当者の明確化が必要となりますので、注意してください。

Ⅱ　安全管理措置の検討手順

事務取扱担当者

人事・給与係

4人いる人事・給与係のうち2名だけがマイナンバーを取り扱う事務取扱担当者であることを示しています。

図4-10　事務取扱担当者の明確化（例）

こんな時どうする？

◆誰が事務取扱担当者なのか悩んだら…

　マイナンバーの取得・利用・保存・提供・削除・廃棄等の様々な場面において、マイナンバーを取り扱う方を事務取扱担当者とする必要があります。

　例えば、マイナンバーの取扱量が多い会社等においては、少ししかマイナンバーを取り扱わない方と多くのマイナンバーを取り扱う方がいたり、1年に1回程度しかマイナンバーを取り扱わない方とマイナンバーを取り扱う頻度が高い方がいたりすることと考えられます。また、マイナンバーと同時に取り扱う情報が機微な個人情報となることも考えられます。

　このように、マイナンバーを取り扱う者には色々と類型が考えられますので、それぞれの組織において、例えば「事務取扱担当者レベル1」、「事務取扱担当者レベル2」のように、そのリスクの大きさに応じた類型化を行い、その類型化の結果に応じた安全管理措置を講ずることが良いのではないかと考えます。例えば、年に数件のマイナンバーを受け取る者と、30万人のマイナンバーを常に取り扱う者、またはシステム管理者等では、情報漏えい等事案が発生した場合等における影響が異なることから、必要十分なセキュリティ対策を検討しましょう。

D　基本方針の策定

　基本方針とは、組織においてマイナンバーの適正な取扱いに関する考え方を示すものです。

　ガイドラインにおいて基本方針の策定は義務となっていませんが、組織がトップダウンで考え方を示し、その考えを組織として実行し続けることが、従業員等がマイナンバーを適正に取り扱うためには重要と考えられます。

　基本方針には、次に掲げる項目を記載することが考えられます。

第4章　マイナンバーにおける安全管理措置——原則的な取扱い

> ○組織名
> ○関係法令・ガイドライン等の遵守
> ○安全管理措置に関する事項
> ○質問及び苦情処理の窓口　等

　この他には、代表者氏名、日付、適用範囲、特定個人情報等の取扱いについて定期的に評価するとともに継続的に改善する旨を記載することが考えられます。また、顧客等の不特定多数のマイナンバーを取り扱う場合には、どのような位置づけでマイナンバーを取り扱うのかを明記することが考えられます。

　また、関係者が基本方針を入手しやすくするための措置を講ずることが重要です。組織内の従業員等のマイナンバーのみを取り扱う場合であれば、従業員等への教育等において周知することが考えられます。謝金の支払い等に伴い外部の人のマイナンバーを取り扱う場合であれば、マイナンバーの取得の際に基本方針を示すことが考えられます。不特定多数の顧客のマイナンバーを取り扱う組織においては、ホームページに掲載したうえで、マイナンバーを取得する際に基本方針を改めて説明する等の対応が考えられます。

　なお、既に個人情報の保護に関する基本方針（個人情報保護方針またはプライバシーポリシー等）を策定している場合には、それを改正する方法、別に策定する方法のいずれでも差し支えありません。

E　取扱規程等の策定

　取扱規程等とは、「A個人番号を取り扱う事務の範囲の明確化」において明確化された事務に関する規則または事務の手順等を明確にしたものです。

　一般的に、情報セキュリティ対策を始めるときに、根本的な考え方を示すセキュリティポリシーを定め、セキュリティポリシーを遵守するために遵守すべき行為や判断基準等を示すセキュリティ対策基準を定め、セキュリティ対策基準を遵守するために個々の事務や情報システムで具体的にどうするのかを示す実施手順を定めます。

　このうち、セキュリティポリシーとセキュリティ対策基準の両方またはセキュリティポリシーのみが、ガイドラインにおける基本方針に相当します。同様にセキュリティ対策基準と実施手順の両方または実施手順のみが、ガイドラインにおける取扱規程に相当します。

　一般的なセキュリティ対策の手順では、これら3種をそれぞれ策定することが一般的なのですが、様々な組織が存在するであろうことを考慮して、このような記載としています。

　どれをどのように策定するのかは、組織の特性等によって異なると考えられますので、その活用やメンテナンスのしやすい方法で策定すれば良いと考えられます。既に個人情報の取扱い

に関する取扱規程等を策定している場合には、特定個人情報等の取扱いにあたって適切に見直すことが必要です。

また、その形式は様々なものが考えられます。例えば、文章によるもの、ワークフロー図によるもの、チェックリストによるもの、マイナンバーを取り扱う情報システムの画面に表示するもの等が考えられます。組織の規模や事務の特性等に応じて、事務取扱担当者が参照しやすく、維持管理しやすい、適切な形式を選択することが重要と考えられます。

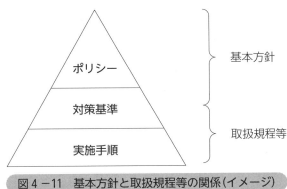

図4-11 基本方針と取扱規程等の関係（イメージ）

🌟 こんな時どうする？

◆取扱規程でなにかを禁止する時には…

組織のセキュリティポリシーや取扱規程では、様々な禁止規程を設けるものと考えられます。私有USBメモリや私有コンピュータの無条件での利用の禁止や再委託の禁止等が考えられるでしょう。事務取扱担当者以外の者が他人のマイナンバーを取り扱うことも禁止されることでしょう。

ただし、これらのことを単純に禁止してしまうと業務に支障をきたす可能性がありますので、注意が必要です。例えば、顧客の個人情報が大量に保管されている基幹系情報システムと一般の業務端末が完全に切り離された環境となっていて、基幹系情報システムからのデータの取り出しが全くできなくなっているケースがあります。それで通常業務に支障がない場合には問題とならないのですが、そうでない場合には、抜け穴等を利用した規程違反となる行為が継続的に行われることがあります。こうなってしまうと、誰もがその行為を疑わなくなってしまいますので、非常に危険な状態になってしまいます。このような状態にしないためにも、取扱規程等は実務に即したものでなければなりませんし、この場合であれば、例外的なデータの取り出し手順とその運用方法を定めておくべきでしょう。こんなに極端な例でなくとも、事務取扱担当者になにかがあった場合であっても、支払調書等を期限までに提出できるような体制作りは重要でしょう。

セキュリティリスクに対して、禁止することによる対策は簡単で効果的に思えますが、本当に実務が回るのか、本当に遵守されているのか等を、定期的に確認することが重要と考えられます。

第4章　マイナンバーにおける安全管理措置——原則的な取扱い

さて、取扱規程等では、次に掲げる特定個人情報等のライフサイクルを考慮し、各段階における取扱方法、責任者・事務取扱担当者及びその任務等について定めることが考えられます。

① 取得する段階
② 利用を行う段階
③ 保存する段階
④ 提供を行う段階
⑤ 削除・廃棄を行う段階

これらのすべての段階に対して、必要かつ適切な安全管理措置を講ずる必要があります。

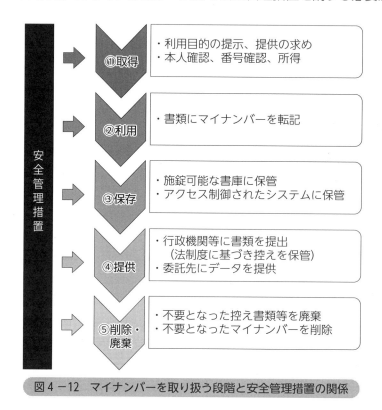

図4-12　マイナンバーを取り扱う段階と安全管理措置の関係

①取得する段階

マイナンバーの取得に際しては、本人確認[20]（本当にそのマイナンバーの持ち主であるかどうか）およびマイナンバーの確認（マイナンバーが正しいかどうか）を行ったうえで、情報漏えい等が発生しないよう、適切に処理しなければなりません。

マイナンバーの取得の際の本人確認およびマイナンバーの確認方法については、内閣官房のホームページに解説資料があります。また、税分野については国税庁のホームページに解説資料およびFAQが公開されており、従業員等を継続雇用している場合の効率的な確認方法等が規定されています。

取得したマイナンバーは、本人確認およびマイナンバーの確認後、封緘または暗号化等により、適切に保護して移送しなければなりません。

> **こんな時どうする？**
>
> **◆個人番号を正確に取得するには…**
>
> 個人番号カードはICカードとなっていますので、格納されたデータを読み取ることにより、正確なマイナンバーの取得が可能となっています。
>
> また、マイナンバーを読み取り可能な2次元コード（QRコード）が印刷されますので、これを読み取ることでもマイナンバーの取得が可能となっています。
>
> ちなみに、マイナンバーの末尾1桁は検査用数字（チェックデジット）になっていますので、取得の際の誤りを検知することが可能となっています。計算方法は、「行政手続における特定の個人を識別するための番号の利用等に関する法律の規定による通知カード及び個人番号カード並びに情報提供ネットワークシステムによる特定個人情報の提供等に関する省令（平成26年総務省令第85号）」に記載されています。

②利用を行う段階

マイナンバーの利用に際しては、「A 個人番号を取り扱う事務の範囲の明確化」で明確化された事務において、「B 特定個人情報等の範囲の明確化」で明確化された範囲の特定個人情報等を用い、「C 事務取扱担当者の明確化」で明確化された事務取扱担当者のみが事務を取り扱うよう、適切な措置を講じなければなりません。そこで、アクセス制御、画面や印刷物の覗き見防止等の安全管理措置が必要となります。

ここで、例えば、マイナンバーを取り扱う事務において作成した名簿等の情報を、他のマイナンバーを取り扱わない事務でも活用することが考えられます。この場合に、マイナンバーを取り扱わない事務の従業者がマイナンバーを見ることがないよう、アクセス制御等の適切な措

---

[20] 行政機関等における資料では「身元確認」とされています。

置を講ずることが必要となります。

③保存する段階

　マイナンバーの保存に際しては、事務取扱担当者以外の者がマイナンバーに触れないよう、物理的安全管理措置として施錠できるキャビネットの利用、入退室管理の実施、技術的安全管理措置としてアクセス制御等の措置が必要となります。保存するマイナンバーの暗号化やバックアップの取得等については、情報漏えい等のリスクの大きさに応じて、適切に実施することが重要です。

　また、保存期間を適切に定める必要があります。法制度等で保存期間が定められているものはその期間、そうでないものはマイナンバーを利用する事務を行ううえで必要と考えられる妥当な期間において保管することができます。もし長期間保管する必要のある場合には、見読性（可読性）に注意しましょう。最近の情報システムで取り扱うデータであれば、10年程度経過したところで、そのデータが読めなくなることは考えにくいですが、情報システムを移行する場合やクラウド化する場合等には注意を要します。

　そして、保管媒体も、保管期間において読み込みが可能であるものを選択しましょう。粗悪な媒体等では時間経過とともに読み込みエラーが発生する可能性がありますので、注意が必要です。

④提供を行う段階

　個人番号関係事務におけるマイナンバーの提供は、行政機関等に書類を提出する場合および個人番号関係事務の全部または一部を委託する委託先へ必要な情報を提供する場合に限られます。

　行政機関等へ書類等を提出する場合には、それぞれの行政機関等が指定する方法を遵守しなければなりません。個人番号関係事務の委託先へのマイナンバーの提供、組織内における支店間等でのマイナンバーの送受信、事務所外でマイナンバーを取得して持ち帰る場合等では、封緘または暗号化等により適切に保護し、確実な授受となるようにする必要があります。

　個人番号利用事務における提供とは、機関間の特定個人情報等の移動をいいます。市区町村間や、市区町村内であっても首長部局と教育委員会等の間の移動も提供にあたりますので注意が必要です。個人番号利用事務における特定個人情報等の照会・提供は原則として総務省が設置する情報提供ネットワークシステム等を介して行うことになります。

　ガイドラインに、個人番号関係事務におけるマイナンバーの提供となる場合とならない場合についての具体例が、以下のように記載されています。

```
＊「提供」に当たらない場合
　事業者甲の中のX部からY部へ特定個人情報が移動する場合、X部、Y部はそれぞれ甲
```

の内部の部署であり、独立した法的人格を持たないから、「提供」には当たらない。例えば、営業部に所属する従業員等の個人番号が、営業部庶務課を通じ、給与所得の源泉徴収票を作成する目的で経理部に提出された場合には、「提供」には当たらず、法令で認められた「利用」となる。

＊ 「提供」に当たる場合

　事業者甲から事業者乙へ特定個人情報が移動する場合は「提供」に当たる。同じ系列の会社間等での特定個人情報の移動であっても、別の法人である以上、「提供」にあたり、提供制限に従うこととなるため留意が必要である。例えば、ある従業員等が甲から乙に出向又は転籍により異動し、乙が給与支払者（給与所得の源泉徴収票の提出義務者）になった場合には、甲・乙間で従業員等の個人番号を受け渡すことはできず、乙は改めて本人から個人番号の提供を受けなければならない。

＊　同じ系列の会社間等で従業員等の個人情報を共有データベースで保管しているような場合、従業員等が現在就業している会社のファイルにのみその個人番号を登録し、他の会社が当該個人番号を参照できないようなシステムを採用していれば、共有データベースに個人番号を記録することが可能であると解される。

＊　上記の事例において、従業員等の出向に伴い、本人を介在させることなく、共有データベース内で自動的にアクセス制限を解除する等して出向元の会社のファイルから出向先の会社のファイルに個人番号を移動させることは、提供制限に違反することになるので、留意する必要がある。

　一方、共有データベースに記録された個人番号を出向者本人の意思に基づく操作により出向先に移動させる方法をとれば、本人が新たに個人番号を出向先に提供したものとみなすことができるため、提供制限には違反しないものと解される。なお、この場合には、本人の意思に基づかない不適切な個人番号の提供が行われないよう、本人のアクセス及び識別について安全管理措置を講ずる必要がある。

〔ガイドラインより抜粋〕

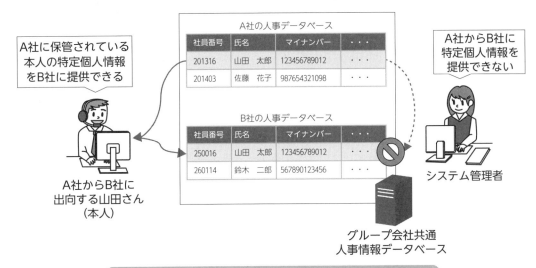

図4-13　出向先にマイナンバーの提供をする場合のイメージ

第4章 マイナンバーにおける安全管理措置——原則的な取扱い

⑤削除・廃棄を行う段階

マイナンバーは、「Aマイナンバーを取り扱う事務の範囲の明確化」で明確化された事務において不要となった場合には、できるだけ速やかに、復元できない方法で削除・廃棄しなければなりません。したがって、マイナンバーの保管に際しては、削除・廃棄を前提として検討する必要があります。なお、③で触れたバックアップに含まれるマイナンバーについても同様ですので、バックアップの取得・廃棄方法には注意する必要があります。

削除・廃棄が必要となってから削除・廃棄作業を行うまでの期間については、毎年度末に廃棄を行う等、マイナンバーおよび特定個人情報の保有に関する安全性および事務の効率性等を勘案し、組織において判断してください。

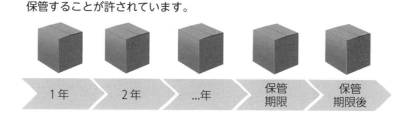

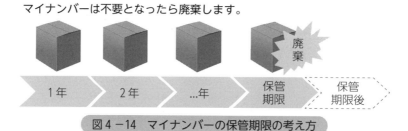

図4-14 マイナンバーの保管期限の考え方

Ⅲ ガイドラインにおける安全管理措置の内容

本節では、ガイドラインに記載されている講ずべき安全管理措置について、その記載の意図と内容の説明をします。ここでは、ガイドラインの「事業者編」をベースに説明しますが、「行政機関等・地方公共団体等編」の読者も大きく変わることはないと考えられます。

また、「A 基本方針の策定」と「B 取扱規程等の策定」は前述したとおりですので、ここではそれ以降について示します。

Ⅲ　ガイドラインにおける安全管理措置の内容

Q4-8
マイナンバーを適正に取り扱うために組織として取り組むべき安全管理措置を教えてください（組織的安全管理措置）。

ガイドラインの「C　組織的安全管理措置」に記載されている、以下の事項について措置を講ずる必要があります。

1 マイナンバーを取り扱うための社内体制の整備

ガイドラインでは、以下のように規定されています。

> a　組織体制の整備
> 　安全管理措置を講ずるための組織体制を整備する。
> ≪手法の例示≫
> ＊　組織体制として整備する項目は、次に掲げるものが挙げられる。
> 　・　事務における責任者の設置及び責任の明確化
> 　・　事務取扱担当者の明確化及びその役割の明確化
> 　・　事務取扱担当者が取り扱う特定個人情報等の範囲の明確化
> 　・　事務取扱担当者が取扱規程等に違反している事実又は兆候を把握した場合の責任者への報告連絡体制
> 　・　情報漏えい等事案の発生又は兆候を把握した場合の従業者から責任者等への報告連絡体制
> 　・　特定個人情報等を複数の部署で取り扱う場合の各部署の任務分担及び責任の明確化

① 概要

本項目では、安全管理措置を講ずるための体制について求めており、①個人番号関係事務または個人番号利用事務を安全に行うための組織体制、②情報漏えい等事案の検知および発生時のための体制について手法の例示をしています。

例えば、体制図がない場合や体制についてヒアリングしても明確な回答が得られない場合等には、本項目が遵守されていないと解される可能性があります。

47

第4章　マイナンバーにおける安全管理措置――原則的な取扱い

図4-15　組織体制の整備（例）

②通常業務を行うための組織体制の整備

通常業務を行うための組織体制の整備は、現在の事務を行うための組織体制をそのまま当てはめれば良いと考えられるため、大きな問題はないでしょう。マイナンバーを取り扱うこのタイミングで現在の体制について見直すことが重要と考えられます。

手法の例示に示している「事務取扱担当者が取り扱う特定個人情報等の範囲の明確化」には注意が必要です。

例えば、上司は部下が取り扱う情報のすべてを閲覧可能とすることが良くありますが、本当にそれで良いのでしょうか。部下が起案した文書に従業員のマイナンバーが含まれている場合に、上司はそのマイナンバーを見る必要があるのかどうか、十分に検討する必要があります。入力項目が抜けていないことを確認するだけであれば、上司の画面ではマイナンバーを表示しなくても問題はないかもしれません。このようなことを検討するために、事務取扱担当者の役割を明確にすることは重要となります。

なお、この関係は、現場とシステム管理者との関係にもあてはまりますので、同様の検討が必要です。例えば、システム管理者であってもユーザーパスワードを閲覧することができず、ユーザーがパスワードを忘れた場合には初期化することしかできないシステムが多くなっていると思いますが、これも同様の考え方に基づいています。

③事案発生時等に備えた体制の整備

事案発生時等に備えた体制の整備については、「d　情報漏えい等事案に対応する体制の整備」（53ページ）にも関係します。「事務取扱担当者が取扱規程等に違反している事実または兆候を把握した場合の責任者への報告連絡体制」は、実際にマイナンバーを取り扱う部署においてなにかが起きているのではないかと気づいた場合、あるいはなにかが起きてしまった場合に責任者に報告連絡する体制の整備を求めています。

例えば、マイナンバーを取り扱う情報システムの挙動がいつもと異なっている場合や控え書類が見当たらない場合等に対応するための最初の行動として報告連絡体制の整備を求めています。一方、「情報漏えい等事案の発生又は兆候を把握した場合の従業者から責任者等への報告連絡体制」は、実際にマイナンバーを取り扱う部署ではない従業員等がマイナンバーの漏えい等が起きているのではないかと疑われる場合に責任者に報告連絡する体制の整備を求めています。これには、苦情相談件数が増えている場合や、本来マイナンバーを取り扱うはずのない部署でマイナンバーが取り扱われている場合等が該当すると考えられます。

④その他の体制の整備

後述の「d　情報漏えい等事案に対応する体制の整備」(53ページ)や「e　取扱状況の把握及び安全管理措置の見直し」(55ページ)のための体制の整備等に関しては、記載の重複を避けるために本項目には記載していませんので、忘れずに整備するようにしてください。

また、規模の大きな事業者における体制の整備については、「行政機関等・地方公共団体等編」における記載も参考となると思いますので、あわせて参考にすると良いでしょう。

2 マイナンバーの適正な取扱いに関する記録

ガイドラインでは、以下のように規定されています。

なお、本項目と次の「c　取扱状況を確認する手段の整備」(51ページ)は混乱されやすいようですので、「c　取扱状況を確認する手段の整備」の後に具体例を用いて、その違いを説明します。

> b　取扱規程等に基づく運用
> 　取扱規程等に基づく運用状況を確認するため、システムログ又は利用実績を記録する。
> 《手法の例示》
> ＊　記録する項目としては、次に掲げるものが挙げられる。
> 　・　特定個人情報ファイルの利用・出力状況の記録
> 　・　書類・媒体等の持出しの記録
> 　・　特定個人情報ファイルの削除・廃棄記録
> 　・　削除・廃棄を委託した場合、これを証明する記録等
> 　・　特定個人情報ファイルを情報システムで取り扱う場合、事務取扱担当者の情報システムの利用状況(ログイン実績、アクセスログ等)の記録

①概要

事務取扱担当者が取扱規程等に示すとおりの事務を行うことと、その事務の記録を求めてお

り、情報システムが自動的に記録する方法と、手作業で記録する方法を示しています。記録の方法および形式は特に定めていませんので、確実で効率の良い方法を採用してください。

　記録を残しながら事務を進めることは、手続を確実に進めることにつながりますし、その記録は正しく事務を行った証拠となります。また、これらの記録を保存すること、およびそのことを従業員等に伝えることは、内部不正等の抑止にもつながるとも考えられます。この際、伝え方によっては、従業員等の士気を下げることにもなりかねませんので、工夫が必要と考えられます。

②記録項目

　記録項目を手法の例示として示しています。手法の例示には主な項目のみを記載していますので、取扱規程等に基づく記録の保存を検討する必要があります。ここに記載のない項目としては、例えば、情報システムの運用に関する記録として事務取扱担当者の権限付与の記録やその申請書の控え、「e　取扱状況の把握及び安全管理措置の見直し」（55ページ）の記録、点検執務室が入退室管理されている場合にはその記録、マイナンバーの取扱いに関する教育の記録等が挙げられます。

③記録項目に関する注意点

　情報システムを用いて自動的に記録を保存している場合に考えられることとして、特にWebアプリケーションシステム[21]等にありがちなことですが、この記録にどうしてもマイナンバーが含まれてしまう場合があります。その場合には、その記録を他の特定個人情報等と同じように安全管理措置を講ずる必要があります。Webサーバー[22]やDBMS[23]等のミドルウェア[24]のログ等では入出力データの記録を保存している場合がありますので、注意が必要です。そうでない場合であっても、記録の改ざん等を防止するための措置を講ずると良いのではないかと考えられます。

　手作業で事務の記録を保存する場合には、その記録にマイナンバーを記載してしまうと、その記録自体が特定個人情報となってしまいますので、番号を記載しないようにする方が良いでしょう。

> **こんな時どうする？**
>
> ◆システムログまたは利用実績の記録における項目と保存期間の考え方で悩んだら…
> 　「特定個人情報の適正な取扱いに関するガイドライン（事業者編）」および「（別冊）金融業務

---

[21] インターネット（または社内ネットワークなど）を利用するシステムのことをいいます。
[22] ホームページなどのコンテンツを提供するなどを行うサーバーをいいます。
[23] データベースを管理するサーバーをいいます。
[24] アプリケーションとOSの間にあって、様々な機能を提供するソフトウェアをいいます。

Ⅲ　ガイドラインにおける安全管理措置の内容

における特定個人情報の適正な取扱いに関するガイドライン」に関するQ&Aには、以下のような項目があります。

> Q14－1　「b　取扱規程等に基づく運用」におけるシステムログ又は利用実績の記録の項目及び保存期限は、どのように考えることが適切ですか。
> A14－1　記録を保存することは、取扱規程等に基づく確実な事務の実施、情報漏えい等の事案発生の抑止、点検・監査及び情報漏えい等の事案に対処するための有効な手段です。記録として保存する内容及び保存期間は、システムで取り扱う情報の種類、量、システムを取り扱う職員の数、点検・監査の頻度等を総合的に勘案し、適切に定めることが重要であると考えます。

　記録として残す項目は、まずは「e　取扱状況の把握及び安全管理措置の見直し」(55ページ)に必要な項目を検討することが良いと考えられます。情報システムで自動的に取得できない部分について手作業で記録するなど、実現可能な方法を検討しましょう。最初から完璧な記録項目を検討することは不可能ですから、記録項目を継続的に見直し改善することが重要です。

　次に保存する期間は、「e　取扱状況の把握及び安全管理措置の見直し」(55ページ)の実施において数回分の過去の記録を確認できれば良いでしょう。記録の保存について法制度等で規定がある場合にはそれに従わなければなりません。その他、情報漏えい等事案が発生した場合の対応のためには、2～3年程度、記録を保存すれば十分との意見もあります。いずれにせよ、記録の保存には相当の費用がかかることから、徐々に長くすることを検討しましょう。

3　マイナンバーの取扱状況を確認するために必要な事項

　ガイドラインでは、以下のように規定されています。

> c　取扱状況を確認する手段の整備
> 　特定個人情報ファイルの取扱状況を確認するための手段を整備する。
> 　なお、取扱状況を確認するための記録等には、特定個人情報等は記載しない。
> ≪手法の例示≫
> ＊　取扱状況を確認するための記録等としては、次に掲げるものが挙げられる。
> 　・　特定個人情報ファイルの種類、名称
> 　・　責任者、取扱部署
> 　・　利用目的
> 　・　削除・廃棄状況
> 　・　アクセス権を有する者

①概要

　組織における、特定個人情報ファイルの作成・利用・保管・廃棄等の取扱状況を確認できる

手段として、例えば組織における特定個人情報ファイルの目録や台帳のようなものを整備することを求めています。具体的には、組織内のどこにどのような特定個人情報ファイルがあるのか、その取扱責任者や利用目的、利用する者等を確認できる手段を整備することになります。

手法の例示したもの以外の記録項目として、取得の経緯（取得者、取得承認者、取得媒体等）や利用期限（廃棄予定日）、想定される提供先、廃棄した場合の廃棄日時や廃棄者、廃棄手段等が挙げられます。

②情報の更新

この情報の更新はリアルタイムでなくとも良いと考えられますが、最新の状態となっていない場合には、本項目を遵守できていないと解される可能性があります。筆者の感覚では、少なくとも半年から1年程度の期間で更新されていない場合には、最新の状態となっていないと判断するのではないかと考えます。少なくとも、「e　取扱状況の把握及び安全管理措置の見直し」（55ページ）を実施するタイミングでは、最新の状態であることを確認しましょう。従業員の入社や退社、給与所得の源泉徴収票等の法定調書を作成するタイミング等、定期的なイベントごとに確認する方法も考えられます。後に説明する「d　個人番号の削除、機器及び電子媒体等の廃棄」（66ページ）のためにも重要な項目となります。

☀ こんな時どうする？

◆「b　取扱規程等に基づく運用」と「c　取扱状況を確認する手段の整備」の違いとは？

「b　取扱規程等に基づく運用」と「c　取扱状況を確認する手段の整備」については、本書の読者は理解を誤ることはないと考えられますが、誤った解説等が散見されるため、念のため説明します。

例えば、図書館では、図書の目録や書籍の検索システムを有していることがあります。このようなものが、「c　取扱状況を確認する手段の整備」のイメージです。図書館のように、たくさんの特定個人情報ファイルを保有するのであれば、情報システムを用いることも考えられます。その一方で、それほど多くの特定個人情報ファイルを取り扱わない場合には、手作業で運用すれば十分でしょう。

また、図書館であれば、図書の貸出簿や貸出システムのようなものが必ずあると思います。このようなものが、「b　取扱規程等に基づく運用」のイメージです。個々の図書がどのように取り扱われているかの履歴を確認することができます。図書の貸出簿や貸出システムは通常は図書館に1つですが、「b　取扱規程等に基づく運用」の記録は、特定個人情報ファイルごとにあれば十分と考えられます。

そして、図書館では定期的な図書の棚卸し等により、これらの情報が正しいかを確認しています。同様に、特定個人情報ファイルについても、定期的に確認を行い、記載されている情報が最新であることや、現状と矛盾がないことを確認しましょう。

4 マイナンバーが漏えい、滅失または毀損した場合に備えるべき事項

ガイドラインでは、以下のように規定されています。

---
d 情報漏えい等事案に対応する体制の整備
　情報漏えい等の事案の発生又は兆候を把握した場合に、適切かつ迅速に対応するための体制を整備する。
　情報漏えい等の事案が発生した場合、二次被害の防止、類似事案の発生防止等の観点から、事案に応じて、事実関係及び再発防止策等を早急に公表することが重要である。
≪手法の例示≫
＊　情報漏えい等の事案の発生時に、次のような対応を行うことを念頭に、体制を整備することが考えられる。
　・　事実関係の調査及び原因の究明
　・　影響を受ける可能性のある本人への連絡
　・　委員会及び主務大臣等への報告
　・　再発防止策の検討及び決定
　・　事実関係及び再発防止策等の公表

---

①概要

　一般的な情報漏えい事案は、大規模なもの、小規模なもの等、多種多様なものが一定の頻度で起きており、もはや他人事ではない状態になってきています。

　特に、通信教育事業者からの大規模な個人情報漏えい事件を受け、内部不正による情報の持ち出しへの対策が議論されていますが、内部不正対策には難題を一気に解決できる"銀の弾丸"はなく、地道な努力の積み重ねしかないのだろうと考えます。また、大規模で高度なサイバー攻撃による被害が国内外で報道されるようになってきました。これらへの対応も一朝一夕ではうまくいきません。

　個人情報の漏えい等の事案が発生した場合の対処の方法が悪くて、いわゆる炎上をしてしまった事例も増えてきており、場合によってはサービスの廃止や廃業に追い込まれてしまう可能性があります。このように、組織において情報を取り扱う事務を行うのであれば、情報漏えいのリスクは避けられないのですが、被害を最小化することは可能ですし、そのような取組みにより、場合によっては、ある程度の信頼回復につながるかもしれません。

　さて、情報漏えい等事案の発生時に迅速にかつ的確に対応するためには、組織内の体制およびそれぞれの担当者の役割が明確であることが重要です。実際に発生した炎上事案を分析して自社の対応を見直すことや、対応訓練・演習等により対応がこなれてきているとさらに良いでしょう。日頃から備えていないことには対応ができないということは、東日本大震災の時の教

訓の1つだったと思います。

②情報漏えい等事案の検知
　情報漏えい等事案の検知には、外部からの情報提供等によることが多くあります。そのため、組織の連絡窓口や苦情相談窓口等との連携について整備しておくことが重要です。そして、情報漏えい等事案が発生してしまった場合の分析や対策方針の検討には、専門家の関与が欠かせませんので、事案の発生に備えて、専門家を確保しておくことも重要です。とはいえ、そのような専門家を組織内に確保することは容易なことではありませんから、外部リソースとしてその設置を検討しておくことが考えられます。

③情報漏えい等事案発生時の対応
　情報漏えい等が不幸にして発生してしまった場合には、まずは関係者に第一報を入れることが重要です。日頃から緊急連絡網のようなものを整備しておき、それが想定どおりに機能するかを確認しておくことも重要です。
　そして、なにが起きているのかを把握し、情報漏えい等を封じ込めることが重要となります。
　被害の拡大を抑え込むことができたら、次は根本的な原因を分析して解決を図ります。これらの作業と並行して、事案が発生した事実の公表について検討します。組織内の従業員のみの情報が漏えいした場合であれば公表の必要性は低いと考えられますが、そうでない場合では公表の要否について検討しましょう。公表する場合には、そのタイミングと内容が非常に重要です。なにもわかっていない時点で公表しても、公表が遅すぎても、問題になることが考えられますし、被害の封じ込めができていない段階等のように2次被害の可能性がある時点において事案の発生について公表することは、むしろ事態を悪化させてしまいます。過去の事例等を踏まえて、適切に公表することが重要と考えます。

④情報漏えい等事案発生時の特定個人情報保護委員会との関係
　マイナンバーが漏えいした場合等には、特定個人情報保護委員会による立入検査の対象となる可能性がありますので、あらかじめ想定しておくと良いでしょう。立入検査となった場合には関連する情報の提出を求められることになると考えられますし、そうでない場合でも事案についての報告を求められる可能性があります。
　将来的には、特定個人情報保護委員会が個人情報保護委員会に組織変更が行われ、個人情報の取扱いについても同様の対応が求められる可能性がありますので、今から準備しておくのも良いのではないかと思います。

III ガイドラインにおける安全管理措置の内容

> 💥 こんな時どうする？
>
> ◆もしも情報漏えい等事案が発生してしまったら…
>
> 　本文にも記載しましたが、マイナンバーの漏えい等の事案発生時には、特定個人情報保護委員会（または行政機関等）から、事案の報告を求められる可能性があります。この対応が遅かったり不備があったりすると、勧告・命令となる可能性があり、これに従わない場合には罰金となる可能性があります。罰金を支払うこと自体は可能かもしれませんが、その他の影響を考えると、勧告・命令の対象になる前にうまく対処すべきだろうと考えます。特定個人情報保護委員会は、特定個人情報の適正な取扱いが確保されればそれで良いのですから、このような事案が発生した場合には、お互いに協力的に対応できれば良いのだろうと考えています。
>
> 　特定個人情報の漏えい事案等が発生した場合の対応は、ガイドラインでは以下のように規定されています。
>
> > 第3-6　特定個人情報の漏えい事案等が発生した場合の対応
> > 　個人情報の漏えい事案の発生等個人情報保護法違反又は同法違反のおそれが発覚した場合、個人情報取扱事業者は主務大臣のガイドライン等に基づき報告が求められているところであるが、事業者の特定個人情報の漏えい事案等が発生した場合の対応については、関係省庁等と連携を図ることとし、別に定める。
>
> 　また、2015（平成27）年9月28日に、「事業者における特定個人情報の漏えい事案等が発生した場合の対応についてを定める件」が告示されましたので、あわせてご確認ください[25]。

5 マイナンバーの取扱いを改善するために必要な対応

ガイドラインでは、以下のように規定されています。

> e　取扱状況の把握及び安全管理措置の見直し
> 　特定個人情報等の取扱状況を把握し、安全管理措置の評価、見直し及び改善に取り組む。
> ≪手法の例示≫
> ＊　特定個人情報等の取扱状況について、定期的に自ら行う点検又は他部署等による監査を実施する。
> ＊　外部の主体による他の監査活動と合わせて、監査を実施することも考えられる。

①概要

　特定個人情報を適正に取り扱っていることの確認を行うとともに、安全管理措置や事務手続、情報システム等の見直しおよび改善を求めています。特定個人情報の取扱いを最初から完璧に

---

[25] 特定個人情報保護委員会のHPに、報告様式を含めて掲載されています。

第4章　マイナンバーにおける安全管理措置——原則的な取扱い

行えれば良いのですが、多くの場合はそうはなりません。上記**3**の「c　取扱状況を確認する手段の整備」（51ページ）でも示したとおり、半年から1年程度の間隔で点検または監査等を行い、継続的に改善を行うことが重要です。点検・監査等の記録を保管することで、過去の改善点等を振り返ることができるようにすることも、重要と考えられます。

②点検・監査の実施手順

　点検・監査の実施においては、その実施計画の策定として、点検・監査の目的を明確化し、点検・監査体制を確立したうえで、点検・監査を実施します。そして、その点検・監査結果の評価結果に基づき、取扱規程等の見直し等を行うことが考えられます。規模の大きな組織である場合等では、一度にすべての点検・監査を行うことは難しい場合がありますので、その場合には、ある程度の範囲を明確化して行うことが考えられます。その場合には、点検・監査の範囲にムラがないようにしなければなりません。

　また、点検・監査結果に不備がなかった場合であっても、情報技術の進展等により、安全管理措置等が陳腐化していると考えられるときには、安全管理措置を見直さなければなりません。

③他の監査活動等との連動

　ISMSやプライバシーマークの認証を取得している組織では、それらの内部監査や外部監査と合わせて実施すると良いでしょう。特定個人情報等の取扱いに関する点検・監査等を単独で行うのではなく、その他の個人情報保護や情報セキュリティに関する取組みと合わせて実施することで、相乗効果が期待できます。

　特に、委託に基づいて特定個人情報等を取り扱う組織では、点検・監査を適正に行うことやそれを顧客等に継続的に報告することで、顧客等の信頼の獲得等につながるのではないかと考えます。また、マイナンバーを取り扱う事務を外部委託しようとしている者にとっては、委託先業者の選定時の参考にもなりますので、これらの結果を公表することを検討しても良いのではないでしょうか。例えば、情報セキュリティ報告書に記載することや、ISMSやプライバシーマークの認証取得に関する情報とともに情報公開すること等が考えられると思います。

Q4-9

マイナンバーを適正に取り扱うために従業員が取り組むべき安全管理措置を教えてください（人的安全管理措置）。

　ガイドラインの「D　人的安全管理措置」に記載されている、以下の事項について措置を講ずる必要があります。

1 事務取扱担当者の監督

ガイドラインでは、以下のように規定されています。

> a　事務取扱担当者の監督
> 　事業者は、特定個人情報等が取扱規程等に基づき適正に取り扱われるよう、事務取扱担当者に対して必要かつ適切な監督を行う。

①概要

個人情報保護法第21条等を受けた項目です。個人情報保護法において安全管理措置を定めた第20条とは別に定められており、重要視されていると捉えられることから、本ガイドラインでも独立した項目とされています。

> （安全管理措置）
> 第20条　個人情報取扱事業者は、その取り扱う個人データの漏えい、滅失又はき損の防止その他の個人データの安全管理のために必要かつ適切な措置を講じなければならない。
> （従業者の監督）
> 第21条　個人情報取扱事業者は、その従業者に個人データを取り扱わせるに当たっては、当該個人データの安全管理が図られるよう、当該従業者に対する必要かつ適切な監督を行わなければならない。
> 〔個人情報保護法〕

従業員の監督方法について特別なことを求めているわけではありません。手法の例示がない唯一の項目ですが、それくらい一般的な組織におけるあたり前のことを求めています。

②監督の方法

一般的にほぼすべての組織の従業員等には上司に相当する者が存在し、部下の仕事を監督していると考えられます。それと同じように必要かつ適切な監督を行うことが考えられます。

2 事務取扱担当者の教育

ガイドラインでは、以下のように規定されています。

> b　事務取扱担当者の教育
> 　事業者は、事務取扱担当者に、特定個人情報等の適正な取扱いを周知徹底するとともに適切な教育を行う。

第4章　マイナンバーにおける安全管理措置——原則的な取扱い

≪手法の例示≫
* 特定個人情報等の取扱いに関する留意事項等について、従業者に定期的な研修等を行う。
* 特定個人情報等についての秘密保持に関する事項を就業規則等に盛り込むことが考えられる。

①概要

事務取扱担当者の教育は、前項の「a　事務取扱担当者の監督」と同様に特別なことを求めているわけではありません。一般的な組織で行われているであろうと考えられる教育と同様に、マイナンバーを取り扱う事務取扱担当者に対する教育を行うことを求めています。

②教育の方法

教育計画を立てるとともに、教育結果のフォローを行うことが重要です。

具体的な教育の方法としては、定期的な教育を行うことでも良いですし、OJT（職場内訓練）のように現場で先輩が後輩に教育することでも良いでしょう。また、朝礼等で繰り返し教育することも考えられます。

ガイドラインの本文では教育の対象を「事務取扱担当者」としていますが、手法の例示に記載のようにすべての従業員等に教育すると良いと考えられます。いつ人事異動があるかわかりませんし、事務取扱担当者が不適切な取扱いをしていたときに、その他の従業員等が気づくことができるようになります。

行政機関や公共団体が主催する説明会へ参加することや、特定個人情報保護委員会のホームページにおいて公開されている資料を参照する等を検討すると良いでしょう。

コンサルタントやITベンダーの方々も積極的に情報発信をされています。国の制度が変わる場合に民間で最も早く動き出す分野の1つがコンサルティング業界とITベンダーですので、頼りになる存在ではあるのですが、その理解は必ずしも正確でない場合もあり、注意が必要です。

③教育の内容

教育では、マイナンバー法制度の主旨や自組織における対応等を対象とすることが考えられます。また、先の第189回通常国会ではマイナンバー法が改正されましたし、その他にも様々なところでマイナンバー制度について議論されていますので、しばらくの間は、マイナンバー制度は変化を続けるものと考えられます。そのため、当面の間は、1年に1回くらいはマイナンバー制度について情報収集することが必要となるでしょう。

Ⅲ ガイドラインにおける安全管理措置の内容

✹ こんな時どうする？

◆内部不正が心配な時には…

　最近、内部不正による大規模な事件が発生しており、内部不正対策に注目が集まっています。

　内部不正を防ぐ技術的な対策として、様々な企業から多くのソリューションが提供されています。その一方で、組織的・人的な対策としては教育が最も良い対策の1つと考えられます。例えば、教育では、「許可されていること」および「禁止されていること」と、それぞれの背景や理由、禁止されていることをやってしまった場合の予想される影響と罰則等について説明することが一般的と考えられますが、これらのことを網羅的に実施できているかどうかを、このタイミングで見直してみてください。

　そして、もう1つの有効な手段が、組織の風通しを良くすることです。誰がなにを担当しているのか、誰がどれくらい忙しいのか等がわかっていれば、内部不正をしようとしている人の不審な動きに気づくことができます。

　例えば、それほど忙しくないはずの人が遅くまで1人で残業していたり、事務取扱担当者でない人がマイナンバーを取り扱っていたりすれば、事案発生の兆候かもしれません。また、就業時間中によく居眠りをしている人がいれば、夜に副業をしはじめた可能性が考えられます。その背景としてお金に困っていることが考えられますので注意が必要です。

　組織の風通しがよければ、そのような場面に遭遇した場合であっても、その対応はスムーズに進むことでしょう。組織の風通しが悪いことは、組織を運営するにあたって、"百害あって一利なし"ですので、このタイミングで改めて確認してみてはいかがでしょうか。

Q4-10

マイナンバーの紛失・盗難等を防ぐための安全管理措置を教えてください（物理的安全管理措置）。

　ガイドラインの「E　物理的安全管理措置」に記載されている、以下の事項について措置を講ずる必要があります。

1 マイナンバーを取り扱う場所と他の業務を行う場所との区分

　ガイドラインでは、以下のように規定されています。

> a　特定個人情報等を取り扱う区域の管理
> 　特定個人情報等の情報漏えい等を防止するために、特定個人情報ファイルを取り扱う情報システムを管理する区域（以下「管理区域」という。）及び特定個人情報等を取り扱う事務を実施す

る区域（以下「取扱区域」という。）を明確にし、物理的な安全管理措置を講ずる。
≪手法の例示≫
* 　管理区域に関する物理的安全管理措置としては、入退室管理及び管理区域へ持ち込む機器等の制限等が考えられる。
* 　入退室管理方法としては、ICカード、ナンバーキー等による入退室管理システムの設置等が考えられる。
* 　取扱区域に関する物理的安全管理措置としては、壁又は間仕切り等の設置及び座席配置の工夫等が考えられる。

① 概要

　物理的安全管理措置として、通常の執務区域内において、マイナンバーを取り扱う区域、マイナンバーを取り扱うサーバー等を設置している区域を区分して管理することを求めています。
　一般的な組織では、経理・財務部門や人事・給与部門、総務部門等は、その他の部門とは異なる区域で仕事をしているものと考えられますので、その状況を改めて確認し、マイナンバーや個人情報がみだりに覗き見られたりすること等がないように注意をすることが必要です。
　また、組織内のサーバーは、電源や空調設備の整ったサーバー室に設置していることが考えられます。マイナンバーを取り扱う情報システムについても、それらの区域に設置し、安全管理措置を講ずることが必要です。

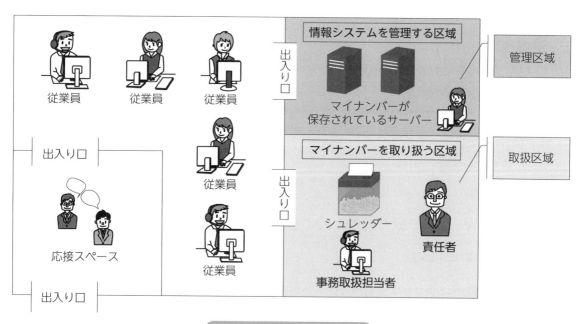

図4－16　区域の明確化(例)

②手法の例示以外の対応方法

　手法の例示には記載していませんが、規模の大きな組織では、組織に所属していることがわかる ID カードの提示や、来客であることがわかるものの提示等が一般的に行われているでしょう。また、手法の例示には持ち込む機器の制限のみが記載されていますが、持ち出しについても制限することが考えられます。

　さらに、区域の管理を厳密にしすぎると、BCP（事業継続計画）発動時に困ってしまう可能性がありますので、そのような場合も念頭に置いて検討すると良いでしょう。また、サーバー設置区域（管理区域）の物理的安全管理措置を講ずることが難しいと考えられる場合等には、既にそれらの安全管理措置が講じられているデータセンター等の利用も検討すると良いでしょう。

　さて、取扱区域と管理区域の考え方ですが、保管され取り扱われているマイナンバーの数やその頻度等、その区域に関するリスクに応じて、必要と考えられる入退室管理や持ち込み機器の制限等を講ずることが重要と考えられます。

> **こんな時どうする？**
>
> ◆いろいろな区域がある場合には…
>
> 　取扱区域や管理区域の明確化の考え方は、事務取扱担当者の明確化と類似していると考えられます。
>
> 　マイナンバーの取得・利用・保存・提供・削除・廃棄等の様々な場面において、マイナンバーを取り扱う区域を明確化し、区域の管理をします。
>
> 　マイナンバーの取扱量やその頻度等、リスクの大きさに基づいて、「取扱区域1」、「取扱区域2」、「管理区域1」、「管理区域2」等と適切に明確化し、そのリスクに応じた必要かつ適切な安全管理措置を講ずることが重要です。既にセキュリティ対策として同様の取組みをされている組織は多いと考えられますので、それにうまく当てはめて考えれば良いでしょう。
>
> 　例えば、来客スペース等のようにマイナンバーを取り扱う量が少ない区域と、その組織の担当部門のように大量にマイナンバーを取り扱う区域では、同じ安全管理措置を講ずる必要はないだろうと考えられます。同様に同じサーバーを設置する区域でも、自社の情報を管理する区域と、顧客の情報を管理する区域を分けている組織は多いのではないでしょうか。マイナンバーの取扱いでも同じように考えれば良いと思います。
>
> 　また、いくつかの組織では建物の外でマイナンバーを取り扱うことが考えられます。これらを取扱区域として物理的安全管理措置を講ずることはできませんので、他の安全管理措置を講ずることでリスクに対応することが求められます。

> **こんな時どうする？**
>
> ◆大規模な情報システムでマイナンバーを取り扱う場合には…
>
> 　大規模な情報システムを運用するには、安定した電力、空調及び監視体制等が必要となります

第4章 マイナンバーにおける安全管理措置——原則的な取扱い

ので、一般的には、社内のサーバールームやデータセンター等にサーバーを設置しているものと考えられます。これらの環境では、入退室管理や持ち込み機器の制限等の物理的安全管理措置が既に講じられていると考えられますので、このタイミングで見直してみることが重要でしょう。

◆マイナンバーを取り扱う情報システムを外部委託している場合には…

既に給与事務や経理事務等の情報システムを外部委託していて、マイナンバーを取り扱う情報システムも同様に外部委託をする予定の場合には、外部委託先での物理的安全管理措置についての確認が必要です。一般的には、堅牢なデータセンター等に情報システムが設置されているものと考えられますので、問題となることは多くないと考えられます。

機会があれば、情報システムが設置されているデータセンターに行ってみるのも良いでしょう。

◆担当者のパソコンだけでマイナンバーを取り扱う場合には…

担当者がそのパソコンで事務をする区域を取扱区域として、みだりに他の社員等が往来しないような措置を講ずることが必要です。個室や別室等にできれば最も良いと考えられますが、そうできない場合であっても、執務室の端にそのような担当者の席を配置することや、柱や壁等をうまく利用することで、他者の往来をできるだけ制御することは可能と考えられます。

2 マイナンバーを保存した機器および電子媒体等を盗難等から守るための対応

ガイドラインでは、以下のように規定されています。

> b　機器及び電子媒体等の盗難等の防止
> 　管理区域及び取扱区域における特定個人情報等を取り扱う機器、電子媒体及び書類等の盗難又は紛失等を防止するために、物理的な安全管理措置を講ずる。
> ≪手法の例示≫
> ＊　特定個人情報等を取り扱う機器、電子媒体又は書類等を、施錠できるキャビネット・書庫等に保管する。
> ＊　特定個人情報ファイルを取り扱う情報システムが機器のみで運用されている場合は、セキュリティワイヤー等により固定すること等が考えられる。

①概要

一般的な組織では、重要な書類や機器には盗難対策をしていると考えられますので、マイナンバーの取扱いにおいても同様の措置を講ずることを求めています。

Ⅲ　ガイドラインにおける安全管理措置の内容

設備の整ったデータセンターに
情報システムを設置

鍵のかかる
書庫に保存

USBメモリを
利用簿で管理

図4－17　機器および電子媒体等の盗難等の防止イメージ

②対策の具体例

　重要な書類や機器等は鍵のかかるところに保管する、書庫やキャビネットでの保管が難しいものはワイヤー等で固定することが手法として例示されています。

　例えばノート型PCやタブレット、USBメモリのように、外に持ち歩いてマイナンバーを取り扱うことを前提としている機器がある場合には、常にその所在や利用者等がわかるようにしておくこと、利用可能者をあらかじめ限定しておくこと等の措置が考えられます。キャビネットについても、中が見えるものとするのか、そうでないものにするかは、利便性と安全性の観点からの検討が必要です。ノート型PCを施錠保管している場合には、利用時には適切なアップデートがなされていない可能性がありますので、ネットワークに接続する際には注意が必要です。

　また、紛失・盗難等を検知する仕組みも重要です。例えば、定期的な棚卸しを行う等の方法が考えられます。

　そして、紛失・盗難等を検知した場合に、被害を最小化するための仕組みも考えられます。例えば、遠隔で利用不可能にする仕組みやデータ消去する仕組み等です。

　また、バックアップを媒体で取得している場合には、バックアップ媒体の紛失・盗難等の防止にも注意が必要です。バックアップについては後述します。

3　事務所の外でマイナンバーを取り扱う際の対応

　ガイドラインでは、以下のように規定されています。

> c　電子媒体等を持ち出す場合の漏えい等の防止
> 　特定個人情報等が記録された電子媒体又は書類等を持ち出す場合、容易に個人番号が判明しない措置の実施、追跡可能な移送手段の利用等、安全な方策を講ずる。

> 「持出し」とは、特定個人情報等を、管理区域又は取扱区域の外へ移動させることをいい、事業所内での移動等であっても、紛失・盗難等に留意する必要がある。
> ≪手法の例示≫
> * 特定個人情報等が記録された電子媒体を安全に持ち出す方法としては、持出しデータの暗号化、パスワードによる保護、施錠できる搬送容器の使用等が考えられる。ただし、行政機関等に法定調書等をデータで提出するに当たっては、行政機関等が指定する提出方法に従う。
> * 特定個人情報等が記載された書類等を安全に持ち出す方法としては、封緘、目隠しシールの貼付を行うこと等が考えられる。

①概要

タイトルは「電子媒体等を持ち出す場合の漏えい等の防止」となっていますが、「取扱区域」または「管理区域」の外でマイナンバーを取り扱う場合における漏えい等の防止を求めています。

本文中にいう「容易に個人番号が判明しない措置の実施、追跡可能な移送手段の利用等」というのは例示ですので、これらを実施しなければならないということではありません。

②持ち出す場合とは

持ち出す場合としては、主に行政機関等にマイナンバーを記載した書類を提出しに行く場合や支社間等で書類をやりとりする場合、外部でマイナンバーを取得して持ち帰る場合等が考えられます。また、インターネット等を経由してマイナンバーをやりとりする場合も該当するでしょう。

③電子媒体等を持ち出す場合のリスクとその対策

個人情報の漏えい事故等の報道を見ていると、移動中における書類等の紛失（電車での置き忘れや飲酒時の紛失等）や盗難（ひったくりや車上荒らし等）等の割合が意外と高いことに気づきます。これらを経験した組織や意識の高い組織では、ある程度の対策がされていると考えられますが、この発生件数の多さから考えると、まだまだ未対策の組織が多いのではないかと思われます。その対策はとても簡単ですので、この機会に見直すことが重要です。このほかに、持ち出しの際のリスクとしては、宛先誤り、内容誤り、経路上での改ざんや欠損、紛失、誤配送、受け取り不能等が考えられます。これらも単純な対策で対応可能であることから、費用対効果等を考えて適切に対応することが重要でしょう。

また、紛失・盗難等の検知や発生時の対応を想定して、持ち出し記録を保存することが考えられます。この持ち出しについて記録する際に、持ち出し手順を確実に実施するようにするとさらに良いでしょう。例えば、持ち出し記録がチェックリストになっていて、すべてのチェッ

クがされていることを責任者が確認してから持ち出すような運用等が考えられます。このようになっていれば、点検・監査の際にも効果的に進めることができるでしょう。

最近、筆者が新幹線や飛行機等での長距離移動時に気になっているのが、移動中に PC で仕事をされている方の画面が丸見えになっているということです（ちなみに、このような覗き見を「ショルダーハック」といいます）。できるだけ覗き見ないように気をつけていますが、そうした機器を扱う方が対策すべきことだろうと考えます。マイナンバーをこのような環境で取り扱わないことを推奨しますが、もしそのような可能性があるのなら、少なくともプライバシーフィルター[26]の導入等を検討すべきでしょう。

④パスワードによる保護

「パスワードによる保護」だけでは効果が薄いのではないかというご意見はあるのだろうと思います。「データの暗号化」のみとした場合のハードルの高さ、また、最近のソフトウェアにおけるパスワードによる保護の実態は暗号化となっていることが多いことから、このような対策を入れています。

パスワード解析ツール等によるパスワード解析を行うことは、ある程度可能ですので、標的型攻撃により情報を窃取されてしまった場合には、パスワードは有効ではない可能性がありますが、過失による情報漏えい（誤送信や紛失等）には有効に働くと考えられます。

パスワードによる保護であっても、パスワードが容易に類推できるものであるなど、適切な運用がされていない場合には、本項目が遵守されていないと判断される可能性がありますので、注意が必要です。

また、当然ながら、暗号化やデータの遠隔消去ができる製品、記録データが不正に解析されないような性能をもつ耐タンパ性を有する製品の活用は有効と考えられますし、電子ファイルを遠隔で無効にする仕組み等も検討すると良いでしょう。

> **こんな時どうする？**
>
> ◆マイナンバーを郵送する場合には…
> マイナンバーを郵送する場合には、書留等を利用しなければならないのかという問い合わせが何度かありました。
> このような質問への回答としては、マイナンバーが記載されていることもそうなのですが、マイナンバーとともになにが記載されているかも重要ではないかと考えています。マイナンバーは社会保障、税、災害対策分野で用いられるものですから、同封する情報が漏えいした場合の影響も大きくなる場合があると考えられます。

[26] 真正面から見ないと画面を見ることができなくなるようにするシール状のもので、覗き見防止に一定の効果があります。

この質問の背景としては、個人番号通知カードの配送に簡易書留が使用されていることがあるように思われます。基本４情報とまだ利用前のマイナンバーが同封されたものが簡易書留で送られるのであるから、それと同等またはそれ以上の情報を同封するのであれば、簡易書留かそれ以上に安全な方法で送らなければならないとも考えられますが、それぞれの送付元において適切に判断すれば良いと考えられます。

4 マイナンバーの削除または廃棄の方法

ガイドラインでは、以下のように規定されています。

> d　個人番号の削除、機器及び電子媒体等の廃棄
>
> 　個人番号関係事務又は個人番号利用事務を行う必要がなくなった場合で、所管法令等において定められている保存期間等を経過した場合には、個人番号をできるだけ速やかに復元できない手段で削除又は廃棄する。
>
> 　個人番号若しくは特定個人情報ファイルを削除した場合、又は電子媒体等を廃棄した場合には、削除又は廃棄した記録を保存する。また、これらの作業を委託する場合には、委託先が確実に削除又は廃棄したことについて、証明書等により確認する。
>
> ≪手法の例示≫
> * 特定個人情報等が記載された書類等を廃棄する場合、焼却又は溶解等の復元不可能な手段を採用する。
> * 特定個人情報等が記録された機器及び電子媒体等を廃棄する場合、専用のデータ削除ソフトウェアの利用又は物理的な破壊等により、復元不可能な手段を採用する。
> * 特定個人情報ファイル中の個人番号又は一部の特定個人情報等を削除する場合、容易に復元できない手段を採用する。
> * 特定個人情報等を取り扱う情報システムにおいては、保存期間経過後における個人番号の削除を前提とした情報システムを構築する。
> * 個人番号が記載された書類等については、保存期間経過後における廃棄を前提とした手続を定める。

①概要

「個人番号関係事務又は個人番号利用事務を行う必要がなくなった場合で、所管法令等において定められている保存期間等を経過した場合には、「個人番号」を「できるだけ速やか」に「復元できない手段」で削除又は廃棄する。」となっています。ポイントは、この３つです。

②「個人番号」を

ここに記載されているとおり、特定個人情報は必要な期間等が経過した場合には、保管し続

けることができません。特定個人情報から個人番号を削除したものは、特定個人情報ではなくなりますので、この規定によらず保管し続けることが可能となります。ただし、個人情報を取得した際に提示した利用目的を超えて持ち続けることは、個人情報の目的外利用にあたるのではないかとの議論もありますので、個人情報であっても、取得時に明示した目的を達成したときには、適切に削除・廃棄することが必要と考えられます。

③「できるだけ速やか」に

　廃棄のタイミングについてです。例えば10年保管の書類があった場合に、10年を1秒でも超えて保管してはならないとするのは非現実的ですので、「できるだけ速やかに」としています。

　その一方で、例えば10年保管の書類について11年を超えて保管し続けていると、本項目を遵守していないと判断される可能性がありますので、保管し続けることのリスクと事務の効率性等を考慮して適切な時期に廃棄する必要があります。

　また、例えば法制度等において7年間の保存期間が規定されているものは、7年間はそのままの形で保管しなければなりませんし、7年が経過したら速やかに削除・廃棄しなければなりません。

④「復元できない手段」で

　削除・廃棄の方法についてです。マイナンバーを単純にゴミ箱に捨てたのでは、そこから情報漏えいするかもしれません。復元不可能な方法について、以下に、電子的な削除を行う場合と、物理的に廃棄する場合に分けて説明します。

（1）　電子的な削除

　電子的な削除としては、電子ファイルの削除とデータベースにおける特定の項目の削除が考えられます。

　電子ファイルの削除では、ゴミ箱に入れるだけではなくゴミ箱からも削除する、専用のファイル削除ソフトウェアを利用する等の方法が考えられます。リースやレンタルしていたパソコンやサーバー等を返却する場合等でも同様に、単純にファイルを削除するのではなく、専用ソフトウェア等を用いて、復元できない程度に記憶領域をクリーン・アップしてから返却するようにしましょう。

　データベースの特定の項目を削除する場合、データベース管理サーバーのDBMSが用意する削除方法しか対応できないことが殆どではないかと考えられますので、データベースとしてはその対応となると考えられます。そのような場合には、システム管理者ではない事務取扱担当者が容易に削除したデータを元に戻せないようにアプリケーションが実装されていることが重要と考えられます。そのため、データベースにおける特定のレコードの削除を想定して、手

第4章 マイナンバーにおける安全管理措置——原則的な取扱い

法の例示に「特定個人情報ファイル中の個人番号または一部の特定個人情報等を削除する場合、「容易に」復元できない手段を採用する」と記載しています。このことはQ&Aでも触れられています。

> Q15－2 「d　個人番号の削除、機器及び電子媒体等の廃棄」における「容易に復元できない手段」とは、具体的にどのような手段が考えられますか。
> A15－2 データ復元用の専用ソフトウェア、プログラム、装置等を用いなければ復元できない場合には、容易に復元できない方法と考えられます。
>
> 〔「特定個人情報の適正な取扱いに関するガイドライン（事業者編）」及び「（別冊）金融業務における特定個人情報の適正な取扱いに関するガイドライン」に関するQ&A〕より抜粋

要するに、システム管理者等が悪意を持って意図的に削除したデータを復元する場合を除き、復元できないようにすることが求められています。

バックアップを取得している場合や冗長構成[27]としている場合も同様です。個人番号の保存期間が経過した場合であっても、すぐにバックアップファイルの中から不要となった情報のみを削除することは、そのように設計している場合でなければ、手間がかかるものと考えられます。バックアップファイルの保存期間を適切に定めることで、事務取扱担当者が削除してから一定の期間内にバックアップからも削除されるようにしなければなりません。バックアップの保存期間を長く設定しなければならない場合には、そこにマイナンバーを含めない等の工夫が必要と考えられます。データベースの通信記録や更新履歴等のジャーナルを保存している場合も、同様に考えましょう。

なお、アクセス制御等によって個人番号にアクセスできないようにしても、それは廃棄したことになりませんので、注意が必要です。

> Q6－10 個人番号を削除せず、取引再開時まで個人番号にアクセスできないようアクセス制御を行うという取扱いは許容されますか。
> A6－10 アクセス制御を行った場合でも、個人番号関係事務で個人番号を利用する必要がなくなり、個人番号を保管する必要性がなくなった場合には、個人番号をできるだけ速やかに削除しなければなりません。不確定な取引再開時に備えて、個人番号を保管し続けることはできません。
>
> 〔「特定個人情報の適正な取扱いに関するガイドライン（事業者編）」及び「（別冊）金融業務における特定個人情報の適正な取扱いに関するガイドライン」に関するQ&A〕

[27] 情報システムや記憶装置を多重にする構成。

Ⅲ　ガイドラインにおける安全管理措置の内容

（2）物理的な廃棄

物理的な廃棄については、とても単純で、元に戻せないくらいに破壊して捨てることを求めています。紙であれば、溶解や焼却、十分に細かく裁断できるシュレッダーの利用等が考えられます。USBメモリやディスク等を廃棄する場合には、2度と読み込みができないように壊してしまいましょう。

紙媒体の個人番号部分だけを廃棄する場合には、マスキングかその部分だけを切り取る等の方法が考えられます。

⑤削除・廃棄記録の保存

もう1つ、本項目で求めていることが、削除・廃棄の記録の保存です。最近の個人情報漏えい等の報道を見ていて最も気になるのが「誤廃棄」です。本当に誤廃棄だったのか、見当たらなかったから誤廃棄ということにしたのかはわかりませんが、常にある程度の割合で発生しています。このような事態を回避するためにも、廃棄は慎重かつ正確に行わなければなりません。廃棄日時・廃棄方法・廃棄担当者・廃棄責任者等について適切に記録するとともに、「c　取扱状況を確認する手段の整備」（51ページ）で整備している台帳や目録等を最新のものに更新することが重要です。

Q4-11

マイナンバーを情報技術により取り扱う場合の安全管理措置を教えてください（技術的安全管理措置）。

ガイドラインの「F　技術的安全管理措置」に記載されている、以下の事項について措置を講ずる必要があります。

1 マイナンバーを取り扱う事務の範囲、事務に利用する特定個人情報の範囲、事務取扱担当者を制限するための対応

ガイドラインでは、以下のように規定されています。

---
a　アクセス制御
　情報システムを使用して個人番号関係事務又は個人番号利用事務を行う場合、事務取扱担当者及び当該事務で取り扱う特定個人情報ファイルの範囲を限定するために、適切なアクセス制御を行う。
　≪手法の例示≫

> ＊ アクセス制御を行う方法としては、次に掲げるものが挙げられる。
> ・ 個人番号と紐付けてアクセスできる情報の範囲をアクセス制御により限定する。
> ・ 特定個人情報ファイルを取り扱う情報システムを、アクセス制御により限定する。
> ・ ユーザー ID に付与するアクセス権により、特定個人情報ファイルを取り扱う情報システムを使用できる者を事務取扱担当者に限定する。

①概要

36 ページに示した安全管理措置の検討の🅐〜🅒において、「🅐　個人番号を取り扱う事務の範囲」、「🅑　特定個人情報等の範囲」および「🅒　事務取扱担当者」を明確にしましたので、そのとおりとなるように情報システムを実装しなければなりません。そのためにアクセス制御を求めています。

②アクセス制御の手法

その手法の例示として 3 項目が挙げられていますが、これらを理解するためには、一般的なクライアント・サーバーシステムの構造を想定する必要があります。

例えば、事務取扱担当者等がブラウザ等を用いて Web アプリケーションシステムにアクセスすると、Web アプリケーションシステムがデータベースにアクセスした結果を処理して事務取扱担当者に表示するようなシステムが考えられます。

事務取扱担当者

マイナンバーを
取り扱うシステム

マイナンバーを
含むデータベース

その他の者

マイナンバーを
取り扱わないシステム

マイナンバーを
含まないデータベース

図 4－18　システム構成のイメージ

（1）アクセス可能なデータの範囲を制御する

手法の例示の 1 つ目は、データベースまたは Web アプリケーションシステムにおいて、ア

Ⅲ　ガイドラインにおける安全管理措置の内容

クセス可能なデータの範囲を制限するというものです。

アクセス可能なデータの範囲を考える際には、少なくともデータの種別とデータの量を考える必要があります。

データの種別の制限とは、例えば、ある個人番号関係事務があった場合に、氏名や住所等は利用しても性別は利用しない場合には、性別にアクセスさせないようにする制限をいいます。また、配偶者がいる人にしか必要のない事務があった場合には、対象者のデータのみにアクセスを可能とするように制限を設けることです。

データ量の制限とは、例えば、事務の特性に合わせて1度にアクセス可能なマイナンバーの数を制限することをいいます。例えば、給与所得の源泉徴収票を作成する場合には、短期間にほぼすべての従業員のマイナンバーが必要となると考えられますが、雇用保険被保険者の氏名変更届を1度に大量に提出することは考えにくいことから、後者の事務を行う場合には、1度にアクセス可能なマイナンバーの数を少なくすることが考えられます。

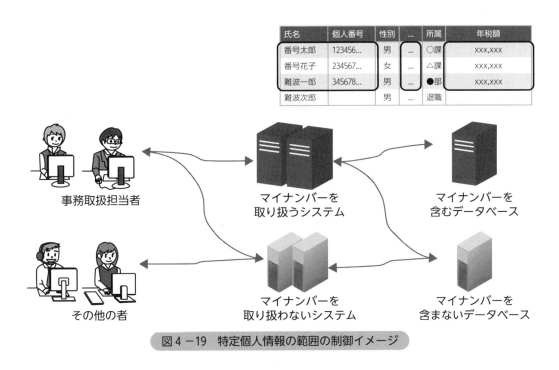

図4－19　特定個人情報の範囲の制御イメージ

上図は、事務取扱担当者が、ある事務においてマイナンバーを含むデータベースにアクセスする際に、太線で囲った範囲のみにアクセスが可能であることを示しています。データの種別の制限として、性別、所属及び退職者のデータにはアクセスできなくなっています。データの量の制限をこの図では表現できていませんが、例えば、この3人分のデータを同時に利用可能とせずに、1人分ずつのみを利用可能とする等の制限が考えられます。

（2）アクセス可能な情報システムを制御する

2つ目はデータベースやネットワーク経路、アプリケーションサーバーにおける制御等のシステム構成によって、特定個人情報ファイルを保存しているデータベースにアクセス可能なものを限定するというものです。

例えば、データベースにおいて特定個人情報ファイルにアクセス可能なサーバーやアプリケーション等を限定する、ネットワーク経路において特定個人情報ファイルが保管されているデータベースへのアクセスを制限する、アプリケーションサーバー上において特定個人情報ファイルが保管されているデータベースへのアクセスを制御する等の方法が考えられます。

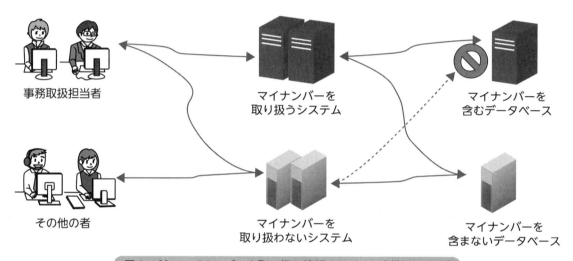

図4-20　マイナンバーを取り扱う情報システムの制御イメージ

上図は、マイナンバーを含むデータベースへのアクセスについてマイナンバーを取り扱うシステムに限っていることを示しています。

限定する方法としては、ネットワークを分離する方法や、途中の経路を制御する方法、データベースにおけるファイアウォール等の機能で制御する方法、データベースにおいて相手のシステムを認証する方法等、様々な方法が考えられます。

また、マイナンバーを取り扱う情報システムのネットワークを他のものと完全に分離する方法も考えられるでしょう。この場合では、ネットワーク経由のみではなく、媒体経由でも繋がっていないことを確認することが重要です。

（3）アクセス可能な者を制御する

3つ目は、事務取扱担当者に割り当てられた権限により、アクセス可能な範囲を制限するというものです。事務取扱担当者の識別については、次の項目で説明します。

例えば、事務取扱担当者は一部の特定個人情報ファイルにアクセス可能であり、その上司や

Ⅲ　ガイドラインにおける安全管理措置の内容

責任者はすべての特定個人情報ファイルにアクセス可能というアクセス権限の割当てをよく見ますが、マイナンバーを取り扱う事務において、本当にそれで良いかを十分に検討する必要があります。

　上司や責任者は、それぞれの者のマイナンバーを全桁確認する必要が本当にあるのでしょうか。その必要がなければ、マイナンバーを表示させない仕組みの導入を検討しなければなりません。

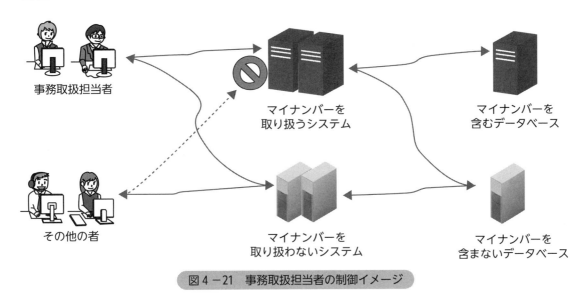

図4-21　事務取扱担当者の制御イメージ

　上図の場合では、事務取扱担当者のみがマイナンバーを取り扱うシステムにアクセス可能であることを示しています。マイナンバーを取り扱うシステムにおいて、個人を識別する方法によりアクセス制御することや個人が利用している端末や端末上のアプリケーションによって識別する方法、ネットワークを分離する方法等が考えられます。

　ただし、マイナンバーを取り扱わないシステムが、マイナンバーにアクセス可能である場合には、アクセス制御ができていないと判断されてしまうかもしれません。

　これらは、いずれか1つを採用しても良いですし、組み合わせて採用しても良いでしょう。もちろん、このほかの方法でアクセス制御する方法でも問題ないと考えられます。様々な仕組みを組み合わせることによって、適切なアクセス制御を実現することが重要です。

③アクセス制御を回避されない仕組み

　これらの仕組みが導入されていても、事務取扱担当者やその他の従業員等が、そのアクセス制御を容易に回避できるようなことがあれば、本項目が遵守されていないと判断される可能性があります。

第4章 マイナンバーにおける安全管理措置——原則的な取扱い

2 情報システムの事務取扱担当者を確認するための方法

ガイドラインでは、以下のように規定されています。

> b　アクセス者の識別と認証
> 　特定個人情報等を取り扱う情報システムは、事務取扱担当者が正当なアクセス権を有する者であることを、識別した結果に基づき認証する。
> ≪手法の例示≫
> ＊　事務取扱担当者の識別方法としては、ユーザーID、パスワード、磁気・ICカード等が考えられる。

①概要

前項目である「a　アクセス制御」における手法の例示の3つ目における事務取扱担当者の識別と認証について抽出した項目です。本来であれば「アクセス者の識別と認可」とすべき項目かもしれませんが、他のガイドラインとの整合性等を考慮してこのようになっています。

②識別と認証のためのシステムのライフサイクル

情報システムにおいて利用者の識別を適切に行うための運用は、ライフサイクル全体で考える必要があります。例えば、IDの割当てをする際にシステム管理者はIDを割り当てられる人の本人確認を行う必要がありますし、IDを割り当てられた人は適切にパスワード等を設定しなければなりません。

その後、システム管理者は適切なタイミングでIDの棚卸し等を行う必要がありますし、IDを割り当てられた人はパスワード等を秘密にする等の適正な取扱いをしなければなりません。

例えば、人事異動等があった場合には、適切にIDに割り当てられた権限を見直す必要がありますし、不要となったIDは適切に削除しなければなりません。

初期登録	利用	更新	廃棄
・本人確認 ・ID等の割り当て ・パスワード等の設定	・ID／パスワード等の適正な管理（貸与しない等）	・IDの棚卸し ・権限の見直し ・人事異動対応	・不要IDの削除

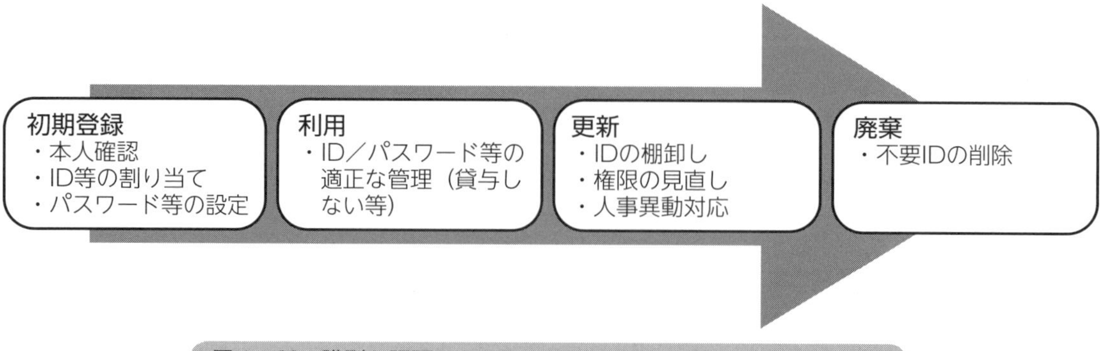

図4－22　識別と認証のためのシステムのライフサイクルイメージ

Ⅲ　ガイドラインにおける安全管理措置の内容

③識別と認証を回避されない仕組み

　技術的には、なりすましに対して必要な情報等を容易に与えないような仕組みを整備している必要があります。

　例えば、アクセス者の識別と認証に必要な情報を再利用が可能な形で送受信していないこと等が重要と考えられます。また、パスワードを用いている場合では、パスワードがある程度複雑であることが求められます。一定期間ごとにパスワードを変更するかどうかには、色々と議論があるところですが、容易に推測されないパスワードである必要があります。

　特に生体認証を採用している場合には、再利用可能な生体情報を窃取されてしまうと取り返しがつかなくなることから、再利用が不可能な形で生体情報が通信されることを確認することが重要と考えられます。また、生体認証のための装置内で生体情報を照合し、その結果だけをサーバーに送る方式の場合も、識別と認証を回避されない仕組みになっていることを確認することが重要です。

> **こんな時どうする？**
>
> ◆クラウドサービスを利用する場合の注意点は…
>
> 　クラウド型のサービスを用いてマイナンバーを取り扱う場合には、特にこのアクセス者の識別と認証が重要となります。IDとパスワードを推定して攻撃するパスワードリスト型攻撃は一定の割合で発生していますし、これからも新たな方法による攻撃が出現するでしょう。複数要素認証[28]や、信頼できる認証プロバイダとの連携ができるクラウドサービスの活用が重要となるでしょう。
>
> ◆技術的に弱い方法でしか識別と認証ができない場合には…
>
> 　共用IDの利用はダメか、または技術的なアクセス者の識別と認証をしなければならないかというと、必ずしもそうではないと考えられます。その他の手段で、一定程度のアクセス者の識別と認証を実現できる場合等には差し支えないと考えられます。
>
> 　例えば、事務取扱担当者の端末においてアクセス者が認証されている場合で、当該端末を適切に認証できる場合であれば、アクセス者の識別と認証ができていると判断できるかもしれません。また、弱いパスワードしか取り扱えないシステムであっても同様であり、アクセス元端末を別の方法で認証することによる2要素認証とする等の方法でカバーする方法等が考えられます。

3　外部からの不正アクセス等の防止策

　ガイドラインでは、以下のように規定されています。

---

[28] ID／パスワードと生体認証の組合わせのように、複数の認証手段を組み合わせることにより、安全性を高める方式をいいます。

> c 外部からの不正アクセス等の防止
> 　情報システムを外部からの不正アクセス又は不正ソフトウェアから保護する仕組みを導入し、適切に運用する。
> ≪手法の例示≫
> * 情報システムと外部ネットワークとの接続箇所に、ファイアウォール等を設置し、不正アクセスを遮断する。
> * 情報システム及び機器にセキュリティ対策ソフトウェア等（ウイルス対策ソフトウェア等）を導入する。
> * 導入したセキュリティ対策ソフトウェア等により、入出力データにおける不正ソフトウェアの有無を確認する。
> * 機器やソフトウェア等に標準装備されている自動更新機能等の活用により、ソフトウェア等を最新状態とする。
> * ログ等の分析を定期的に行い、不正アクセス等を検知する。

①概要

　本項目の冒頭で記載している「情報システム」は、前項目である「b　アクセス者の識別と認証」（74ページ）に記載されている「特定個人情報等を取り扱う情報システム」と同義と捉えられます。そして、組織内の他の情報システムおよび組織外からの不正アクセスまたは不正ソフトウェアから保護する仕組みの導入とその適切な運用を求めています。

　「外部」とは、ネットワークにおける外部のほか、例えばUSBメモリやディスク等による経路等も同じように考えなければなりません。これらの外部とのリスクに対応するために、情報システムを完全に切り離すことも対策の1つと考えられます。

　例えば、完全に独立したネットワークとして、不要なUSBポートやディスクドライブの利用を不可とすること等が考えられます。他の情報システム等から完全に切り離した時に業務が十分に実行できることを確かめなければなりません。少しでも無理がある場合では、結果としてなんらかの形で接続されていまい、安全管理措置が機能していない状態となってしまう可能性があります。

②不正アクセスを防ぐ仕組みの導入

　これらの仕組みの導入にあたっては、情報システムの構成や当該情報システムを活用する事務の特性等を踏まえて、適切なものを導入する必要があります。

　例えば、手法の例示の1つ目では「ファイアウォール等」としていますが、ファイアウォールのみを導入すれば十分と捉えるのではなく、そのリスク等に応じて、IDS[29]／IPS[30]やWAF[31]、

[29]　不正侵入検知装置。
[30]　不正侵入遮断装置。

Ⅲ　ガイドラインにおける安全管理措置の内容

サンドボックス[32]等の導入を検討する必要があるでしょう。最近では、ブラックリスト型[33]のものだけではなく、ホワイトリスト型[34]の製品やソリューションも出てきています。既知の攻撃手法に基づく対策が可能なブラックリスト型に対して、未知の攻撃手法にも対応できる可能性があるものの、チューニングが難しいホワイトリスト型と、その特性は大きく異なります。例えばリスクが大きいと考えられる場合であれば、これらの製品等をうまく組み合わせることも検討するべきでしょう。

③不正アクセスにあった場合でも被害を防ぐ仕組み

手法の例示には記載していませんが、入口対策[35]だけではなく出口対策[36]を講ずることや、情報システムの構成管理をする仕組みや、それに応じて対策を自動化する仕組みの導入、多層防御[37]を取り入れること等が考えられます。それぞれの時点において考えられる適切な対策を講ずることが重要です。

このような仕組みは、導入や運用が難しいことが多いですが、最近ではクラウド型のサービスが増えてきていますので、うまく活用すると良いでしょう。

④セキュリティホールを作り込まない仕組み[38]

マイナンバーを取り扱う情報システムを新規に導入する際や改修する際に、新たな脆弱性を組み込まないようにするための注意が必要です。

情報システムを新規に導入する際には、例えば、セキュリティパッチの適用、設定変更、構成変更、暗号方式の変更、事案発生の検知とその対応等を、事前に検討しておくことが重要でしょう。実運用の前に脆弱性診断（ペネトレーションテスト）を行う等の確認も重要と考えられます。

⑤不正アクセスによる被害を防ぐための運用

本項目では、上述したこれらの仕組みを導入するだけではなく、適切に運用することを求めています。あまり目立たない記載ですが、こちらの方が重要かもしれません。

せっかく導入した仕組みも、適切に運用できていなければ効果はありませんし、適切に安全管理措置を講じていないと判断されてしまうかもしれません。情報セキュリティに関する情報

---

[31]　Web Application Firewall：通信の内容を見て不正アクセスを防止する仕組み。
[32]　ウイルス等をわざと活動させてその挙動を分析する仕組み。
[33]　不正なものをあらかじめ定義しておいて、それにマッチすると不正と判断する仕組み。
[34]　正しいものをあらかじめ定義しておいて、それ以外のものを不正と判断する仕組み。
[35]　入り口で不正なものを防ぐ仕組み。
[36]　ウイルス等に感染してしまっても、出口で外部への情報漏えい等を防ぐ仕組み。
[37]　1つの対策が無効化されてしまった場合でも、他の仕組み等で保護し続ける仕組み。
[38]　このような考え方をセキュリティ・バイ・デザインといいます。

第4章　マイナンバーにおける安全管理措置——原則的な取扱い

の収集およびそれに伴う安全管理措置の適切な修正、脆弱性を自動で排除するための仕組みの導入、製品のサポート期間の把握とサポート切れの製品の排除等、様々な手法が考えられます。また、利用頻度の低い情報システムは脆弱なまま放置されがちですので、注意が必要です。

4 マイナンバーをインターネット等により授受する場合の留意点

ガイドラインでは、以下のように規定されています。

> d　情報漏えい等の防止
> 　特定個人情報等をインターネット等により外部に送信する場合、通信経路における情報漏えい等を防止するための措置を講ずる。
> ≪手法の例示≫
> ＊　通信経路における情報漏えい等の防止策としては、通信経路の暗号化等が考えられる。
> ＊　情報システム内に保存されている特定個人情報等の情報漏えい等の防止策としては、データの暗号化又はパスワードによる保護等が考えられる。

①概要

一般的には、特定個人情報等をインターネット等により外部に送信することは少ないものと考えられますし、送信する場合には、提供を求めた側が講じている安全管理措置に従うことになると考えられます。

②経路の暗号化とデータの暗号化

もし組織において、インターネット経由で特定個人情報等の提供を求めることになる場合には、通信経路の暗号化や通信データの暗号化等を活用することになります。この場合には、一般的に用いられているSSL／TLS[39]やVPNサービス[40]、専用線サービスの利用等を用いた通信回線の暗号化や、S／MIME[41]等を用いた通信データの暗号化等が考えられるでしょう。

ただし、前述したとおり、暗号鍵の管理が不適切である場合や、暗号化のための実装に脆弱性があり放置されている場合等には適切に運用されているとはいえないと考えられます。

※こんな時どうする？

◆e-Taxを用いて電子申請を行う場合には…
　e-Taxを用いた電子申請では、ブラウザまたは専用のソフトウェア等を用いて、SSL／TLS

---

[39] 通信相手の認証や通信回線の暗号化を実現する技術の1つです。
[40] 仮想的に専用線のように見えるネットワークを提供するサービスをいいます。
[41] メールの暗号化や電子署名を実現する技術の1つです。

を用いたユーザー認証および通信の暗号化により、安全なデータの送受信を実現しています。その一方で、申請者側のパソコンに着目すると、電子申請の前後で、電子申請のためのデータが、保護されていない状態で保存されることとなります。

　このような場合は、保護されていない状態のデータをパソコンに保存する期間をできるだけ短くすることが重要となります。

　例えば、電子申請の終了後すぐに当該データを削除するか、パスワードの設定または暗号化等により保護する等の方法が考えられます。

✸こんな時どうする？

◆委託先とのマイナンバーの送受信

　マイナンバーの利用等を委託している場合、委託先とのマイナンバーの送受信が発生することが考えられます。このような場合に、委託元または委託先において、インターネットを経由して安全にデータの送受信を可能とする仕組みが整備されていれば、そのような仕組みを利用することが考えられます。そのような仕組みがない場合には、パスワードをあらかじめ決めておくことや暗号化の手段を整備すること等が考えられますが、インターネットを用いない方法も視野に入れて検討すべきと考えられます。データの送受信の量や頻度によっては、アナログな方法での送受信も視野に入れるとよいでしょう。

Q4-12　ガイドラインに記載のない事項で、注意すべきことはありますか？

　ガイドラインでは、安全管理措置として記載されていない事項がいくつかあります。
　その例として、BCP（業務継続計画）と暗号化に関して簡単に説明します。

1 事業継続計画に関する安全管理措置

　個人番号関係事務のみを行う組織であれば、一般的には、従業員数プラス・アルファ程度のマイナンバーを取り扱うことになります。ある程度までの規模の小さな組織であれば、保管していたマイナンバーが滅失または毀損してしまった場合等の場合に備えて冗長構成にすることやバックアップを取得することよりも、そのような場合にはマイナンバーを再取得することを考えた方が良い場合があるのではないかとの意見がありました。

　これらの安全管理措置がガイドラインに記載されていないからといって、例えば、バックアップを取得することが違法であるわけではありませんし、バックアップを取得しなくて良いとい

うわけでもありません。個人番号関係事務のためにバックアップを取得するような組織は、ある程度の大きさがあると考えられますので、そのような組織であれば、バックアップの要否について適切に検討していただけるであろうと考えられます。

バックアップの取得や冗長構成とすること等は、事業継続の観点から非常に有用なことですが、情報漏えいのリスクやマイナンバーの削除・廃棄の観点からはリスクを高める結果となってしまいますので、利便性と安全性を天秤にかけて適切に判断してください。

前述したように、バックアップとして保管されているマイナンバーも同様に取り扱う必要があります。例えば、不要になったマイナンバーは削除・廃棄しなければなりませんし、バックアップデータが漏えいした場合には、適切に対応しなければなりません。

2 暗号化に関する安全管理措置

暗号化は、情報漏えい対策として非常に有効な手段の1つですが、正しく運用するためには、その負荷が意外と高くなります。

前述したとおり、暗号化による秘匿を維持し続けるためには、暗号鍵の生成、保管、利用、廃棄、鍵更新や暗号化されたデータの適切な保管が重要となります。必要に応じて暗号に関する運用を安全に行うための装置であるハードウェアセキュリティモジュールの利用等を検討する必要があります。暗号鍵の有効期間やどの程度の大きさのデータを暗号化するか等の設計も重要となりますし、特に暗号鍵の更新時には、一般的には暗号化されたデータを一度復号してから再暗号化をすることになりますから、最大で暗号化されたデータの2倍程度のリソースが必要となるでしょう。バックアップデータが大きければ大きいほど、そのメンテナンスは大変です。

なお、最近では、暗号化したまま暗号鍵を更新できる技術も開発されつつあるようですし、暗号化したまま暗号アルゴリズムを変える技術も実現可能となりそうですので、将来的には、運用が少しは楽になるのかもしれません。

また、暗号アルゴリズムの危殆化も、考慮しておく必要があります。DESからAES[42]への移行やハッシュ関数の移行の状況を見ていると、暗号アルゴリズムの変更は意外と手間がかかることがわかります。

前述したとおり、マイナンバーは暗号化されていても、マイナンバーはマイナンバーとして取り扱わなければなりません。しかし、筆者は程度の問題はあるだろうと考えています。現時点で適切と考えられるアルゴリズムを用いて、適切な運用がなされている暗号化データが漏え

[42] DESもAESも暗号化方式の1つです。DESの安全性が下がってきたことからAESに移行することが進められています。

いした場合には、暗号化されたデータを復号鍵なしで復号することはできる可能性はほとんどありませんから、たとえ適切に暗号化されたデータが漏えいした場合等であっても、ただちに影響があると考える必要はないと筆者は考えています。

3 多層防御

従来のセキュリティ対策では、外部との境界や端末にセキュリティ対策を行うものの、1つのセキュリティ対策が突破されると、回線を切断するしか対策がないものが、よくありました。

これに対して、今後は、たとえ未知のウイルスに感染してしまったとしても、被害を防ぐ手段を講ずる必要があります。このような考え方を多層防御といいます。

例えば、外部に情報漏えいさせるウイルスに感染してしまった場合でも、出口対策により外部への通信を遮断する方法が考えられます。また、情報漏えいが起きたとしても、漏えいした情報が特定でき、その情報が適切な暗号化等により秘匿されていたとしたら、ただちに被害が発生することはないでしょう。

同様に、なんらかの原因で特定個人情報ファイルが滅失または毀損してしまった場合でも、バックアップを取得していれば、その被害を最小化できるでしょう。

Q4-13
マイナンバーの取扱いにあたり、自社のシステムをどのように改修すると良いでしょうか？

多くの組織では、マイナンバーの取扱いにあたり、システム改修を必要とすると考えられます。少なくとも出力帳票の書式は変わりますし、情報システムを利用する事務の安全管理措置を見直す必要があります。

そこで、システム改修のイメージを3パターンに分けて、必要となる技術的安全管理措置とともに説明します。

1 既存のデータベースにマイナンバーを保存できるように拡張する

既存システムの構成を大きく変えずにマイナンバーを取り扱えるようにする方法として、既存のデータベースにマイナンバーを保存できるように改修する場合が考えられます。

既存のデータベースへのアクセス者とマイナンバーの事務取扱担当者が同じである場合には、データベースへの新たなアクセス制御が不要なため、この方法が最もシステム改修による

影響が少ないかもしれません。

その一方で、既存のデータベースへのアクセス者の一部がマイナンバーの事務取扱担当者となる場合には、データベースに備わっているアクセス制御機能を用いる等により、データベースを利用するそれぞれの者が適切な範囲のデータにアクセスするよう、制御しなければなりません。

また、マイナンバーを含むデータベースファイルへのアクセスの頻度が高くなることから、マイナンバーの漏えい・滅失または毀損等の可能性が、他の方式に比べると若干高くなる可能性があります。

氏名	個人番号	性別	…	所属	年税額
番号太郎	123456…	男	…	○課	xxx,xxx
番号花子	234567…	女	…	△課	xxx,xxx
難波一郎	345678…	男	…	●部	xxx,xxx
難波次郎		男	…	退職	

図4-23　既存のデータベースを拡張しているイメージ

2 既存のデータベース内の別テーブルとしてマイナンバーを保存する

一般の組織で、実はそれほど利用頻度が高くないマイナンバーを別テーブルとして管理する方法です。

独立したテーブルとすることで、他の業務・システムからの影響が受けにくくなることが予想されます。

また、アクセス制御は、よりシンプルで強固なものになると考えられますし、バックアップを取得する場合では、テーブルを単位にすれば、特定個人情報ファイルとなるバックアップファイルを最小限に特定することができますので、規模の大きな情報システムであればあるほど、運用の負荷が下がると考えられます。

社員番号	個人番号
250001	123456…
270102	234567…
270004	345678…
350034	

氏名	社員番号	性別	…	所属	年税額
番号太郎	250001	男	…	○課	xxx,xxx
番号花子	270102	女	…	△課	xxx,xxx
難波一郎	270004	男	…	●部	xxx,xxx
難波次郎	350034	男	…	退職	

図4-24　別テーブルとしてマイナンバーを保存するイメージ

3 独立したマイナンバー専用データベースを構築する

　ある程度の規模の大きな組織では、コストは高くなってしまいますが、この方法が最も安全にマイナンバーを取り扱えると考えられます。

　アクセス制御やその他の技術的安全管理措置についても様々な手段を採用することができますし、アプリケーションによる制御も選択肢が広がると考えられます。

　この考え方は、クラウドサービスを利用する際にも適用が可能です。マイナンバーを取り扱わない事務の範囲についてクラウドサービスを利用し、マイナンバーを転記する部分を自社で管理することにより、マイナンバー法における委託に関する規定から解放されます。クラウドサービス事業者がマイナンバー法を遵守しているかどうかわからない場合や、より安全にマイナンバーを取り扱う必要がある場合、クラウド化によるコスト削減のメリットも得たい場合等に、有効な方法と考えられます。

図4-25　独立したマイナンバー専用データベースを構築するイメージ

第5章 中小規模事業者・小規模事業者におけるマイナンバーの安全管理措置

I 中小規模事業者の定義

　前述したとおり、ガイドラインは中小規模事業者に配慮した記載をしています。ガイドラインにおいて、中小規模事業者は以下のとおり定義されています。

　「中小規模事業者」とは、事業者のうち従業員の数が100人以下の事業者であって、次に掲げる事業者を除く事業者をいう。
- ・　個人番号利用事務実施者
- ・　委託に基づいて個人番号関係事務又は個人番号利用事務を業務として行う事業者
- ・　金融分野（金融庁作成の「金融分野における個人情報保護に関するガイドライン」第1条第1項に定義される金融分野）の事業者
- ・　個人情報取扱事業者

　当初は、中小企業基本法における中小企業者の定義をそのまま採用するという案もあったのですが、マイナンバーの取扱いにあたり業種による分類は必要ないであろうことなどから、少し異なる定義となりました。中小企業基本法における中小企業者の規定を以下に示します。

　第2条　この法律に基づいて講ずる国の施策の対象とする中小企業者は、おおむね次の各号に掲げるものとし、その範囲は、これらの施策が次条の基本理念の実現を図るため効率的に実施されるように施策ごとに定めるものとする。
- 一　資本金の額又は出資の総額が3億円以下の会社並びに常時使用する従業員の数が300人以下の会社及び個人であつて、製造業、建設業、運輸業その他の業種（次号から第四号までに掲げる業種を除く。）に属する事業を主たる事業として営むもの
- 二　資本金の額又は出資の総額が1億円以下の会社並びに常時使用する従業員の数が100人以下の会社及び個人であつて、卸売業に属する事業を主たる事業として営むもの
- 三　資本金の額又は出資の総額が5,000万円以下の会社並びに常時使用する従業員の数が100人以下の会社及び個人であつて、サービス業に属する事業を主たる事業として営むもの
- 四　資本金の額又は出資の総額が5,000万円以下の会社並びに常時使用する従業員の数が50人以下の会社及び個人であつて、小売業に属する事業を主たる事業として営むもの

Ⅰ　中小規模事業者の定義

〔中小企業基本法〕

　また、事業者の規模に関わらず、マイナンバーを多く取り扱うこととなりそうな分野として次の4分野を除外しています。
　「個人番号利用事務実施者」は、行政機関等および地方公共団体等と民間では主に健康保険組合が該当します。個人番号利用事務実施者は、総務省が設置し運用する情報提供ネットワークシステムに接続して利用することが考えられるため、除外されました。
　「委託に基づいて個人番号関係事務又は個人番号利用事務を業務として行う事業者」は、主に税理士や社会保険労務士等の士業の方々、クラウドサービスやビジネスプロセスアウトソーシング等により個人番号利用事務等の一部または全部を委託される者等が該当します。これらの事業者は、マイナンバーを非常に多く取り扱うことが予想され、情報漏えい等事案の発生時の影響が大きいこと等から、除外されました。
　「金融分野」は、顧客のマイナンバーを取り扱うことになることから、マイナンバーを非常に多く取り扱うことが予想され、情報漏えい等事案の発生時の影響が大きいこと等から、除外されました。
　「個人情報取扱事業者」は従来の個人情報保護法に基づく安全管理措置を講じており、マイナンバーの取扱いにあたっても同様に安全管理措置を講ずることが想定されること等から、除外されました。
　また、行政機関等・地方公共団体等編においては、中小規模の組織に向けた記載をしていません。国の行政機関であれば、ある程度の規模が想定されること[43]、地方公共団体は個人番号利用事務実施者であること、そしてなによりも、今までの個人情報の保護に関する取り組み実績があること等がその理由です。

　現在の規定はこのとおりとなっていますが、この定義は時とともに変化するものと、筆者は考えています。例えば100人という閾値は数年以内にもう少し小さな数字にするべきと考えます。また、これから様々な業態の事業者が現れるであろうことから、除外される事業者の類型も増えるのではないかと考えられます。
　中小規模事業者に該当するか否かに関わらず、マイナンバーが漏えい等した場合の影響が考えられることから、必要な安全管理措置を講ずる必要があります。しかし、中小規模事業者が、大企業等と同じ程度の措置を講ずることは負荷が大きすぎるであろうことや、マイナンバーを

---

[43]　特定個人情報保護委員会事務局は平成27年9月時点で50人程度のとても小さな組織であり、例外的な存在といえるでしょう。

第5章　中小規模事業者・小規模事業者におけるマイナンバーの安全管理措置

取り扱う組織およびその組織が利用する情報システムの規模が小さいと考えられることから、ガイドラインでは特例的な対応方法を示しています。

以下では、80人程度の組織を想定した「Ⅱ　中小規模事業者における安全管理措置」の詳細と5人程度の組織を想定した「Ⅲ　小規模な事業者における安全管理措置」（117ページ）の詳細に分けて、それぞれが講ずべき安全管理措置について説明します。

Ⅱ　中小規模事業者における安全管理措置

本節では、80人程度の組織を想定した安全管理措置の詳細について説明します。80人程度の組織であれば、総務部門、人事部門、経理部門等が数名規模で組織されていると考えられます。

組織内においては、これらの部門の方々がマイナンバーを取り扱う事務取扱担当者となり、従業員等からマイナンバーを取得し、行政機関等に書類を提出することとなります。これらの書類の作成には、様々な会社が提供しているパッケージ製品やクラウドサービスを利用しているか、事務そのものを委託している場合があると考えられます。

Q5-1
中小規模事業者におけるマイナンバー制度への対応方法の例を教えてください。

中小規模事業者であっても、これまで、人事給与関係や経理関係、社会福祉関係の事務は行ってきたものと考えられます。これらの事務においても、従業員の給与の情報や家族の情報等、みだりに他人に見せるべきではない個人情報を多く扱ってきているものと考えられます。これらの事務は、マイナンバーが加わったからといって劇的に変わるわけではありませんし、前述したとおり、マイナンバーが加わることによって全く新しい書類を提出することもありません。これらの書類を行政機関等に提出する際に、これまでは氏名、住所、性別、生年月日、その他の情報等を記載していたものと同様に、マイナンバーを間違いなく記載して提出することになります。

例えば、給与所得の源泉徴収票や、健康保険の被保険者資格取得届等を作成する際には、家族情報や給与情報等に基づき作成することから、これらの情報を取り扱う際には、他人に見られないように作業していることと思われます。マイナンバーを記載する場合にも、これらの情報と同様に取り扱うことが考えられます（→「Ｅ　物理的安全管理措置　ａ　特定個人情報等を取り扱う区域の管理」（104ページ））。

ただし、これらの事務を行うにあたり、これまでの事務のやり方で本当に問題がなかったかを見直すことが重要です。

以下に、これらの事務でマイナンバーを取り扱うことにあたっての情報システムの対応例をいくつかのパターンで示します。

1 自社で人事給与事務等を行っている場合

これまで、自社内でこれらの事務を行っている事業者では、専門業者が販売している人事給与ソフトウェアや経理ソフトウェア等を、それぞれの担当者のみが利用しているものと考えられます（→「F 技術的安全管理措置 a アクセス制御」（113ページ））。

最も単純な対応方法は、マイナンバー対応製品に更新する方法です。マイナンバー対応以外にも各種帳票が変更となることが考えられることから、これらの製品は各種帳票の変更等に対応するため等、常に最新版に更新する必要があり、マイナンバーの有無にかかわらず、実施する必要があります。

また、パソコン等に導入されている不正アクセス対策を、マイナンバーを取り扱い始めるこのタイミングで、改めて見直してみることが重要と考えられます（→「F 技術的安全管理措置 c 外部からの不正アクセス等の防止」（115ページ））。

図5－1　自社で人事給与事務等を行っている場合の対応イメージ

マイナンバーを従業員等から取得し、その後の保管から廃棄まで、マイナンバーに関する部分だけを外部委託することができるようなサービスが提供され始めていますので、そのようなサービスを利用することも考えられます。

図5-2　マイナンバー保管サービスを利用しているイメージ

2 人事給与事務等を外部に委託している場合

既に、人事給与や経理等の事務を外部に委託している場合には、マイナンバーの取扱いも外部に委託することが考えられます。すべてを外部委託できればとても単純でわかりやすいのですが、委託先がマイナンバーに対応していない場合等には、マイナンバーの取扱いのみを自社で対応することとなります。

その他の場合として、マイナンバーの取得のみを自社で行い、その後のマイナンバーの取扱いを委託するケースが考えられます。マイナンバーの取得の際には、本人確認として、マイナンバーが正しいことの確認と、そのマイナンバーの持ち主であることの確認が必要であることから、その部分のみは自社で行うことが効率的であると考えられます。

図5-3　マイナンバーの取扱いを外部委託している場合の役割分担イメージ

ただし、外部に委託する場合に必要な情報の授受や控え書類等の授受に際しては、情報漏えいや紛失等のリスクがありますので、以下の点に注意が必要です。

① 外部委託先と書類等で情報を授受する場合
　→　E　物理的安全管理措置　c　電子媒体等を持ち出す場合の漏えい等の防止（109ページ）

② 外部委託先と電子データでマイナンバーを授受する場合
→ F 技術的安全管理措置　d 情報漏えい等の防止（116ページ）

3 マイナンバーを外部委託する場合の注意点

マイナンバー法では、委託に際して2つの注意点があります。

1つは再委託についてです。委託先が外部委託する際には、委託元の許諾が必要となります。再委託先がさらに再委託する場合も、最初の委託元の許諾が必要となりますので、注意が必要です。

もう1つは、委託先に対する必要かつ適切な監督が必要となります。委託先の選定では、次の3つの要素について考える必要があります。

① 委託先の選定時に信頼できる委託先を選ぶこと。
② 委託契約時にマイナンバー法を遵守する旨の項目を含むこと。
③ 委託期間中に委託先におけるマイナンバーの取扱い状況を把握すること。

なお、再委託先の監督は委託先が行うことで、間接的に監督ができていることになります。

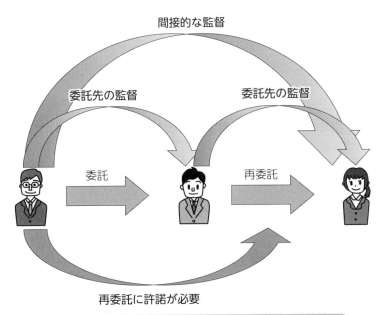

図5-4　マイナンバーの取扱いを委託する場合の注意点

既に会社の事務を委託している場合であって、マイナンバーの取扱いも委託する場合には、覚書等で、これらのことが実現されるようにしましょう。

第5章　中小規模事業者・小規模事業者におけるマイナンバーの安全管理措置

このようなマイナンバー法の注意点をきちんと説明することが、外部委託先として信頼されるための第一歩と考えることもできます。

Q5-2 中小規模事業者における安全管理措置の検討手順を教えてください。

ガイドラインでは、以下のように規定されています。

> 事業者は、特定個人情報等の取扱いに関する安全管理措置について、次のような手順で検討を行う必要がある。
> A　個人番号を取り扱う事務の範囲の明確化
> 　事業者は、個人番号関係事務又は個人番号利用事務の範囲を明確にしておかなければならない。
> B　特定個人情報等の範囲の明確化
> 　事業者は、Aで明確化した事務において取り扱う特定個人情報等の範囲を明確にしておかなければならない(注)。
> 　（注）特定個人情報等の範囲を明確にするとは、事務において使用される個人番号及び個人番号と関連付けて管理される個人情報（氏名、生年月日等）の範囲を明確にすることをいう。
> C　事務取扱担当者の明確化
> 　事業者は、Aで明確化した事務に従事する事務取扱担当者を明確にしておかなければならない。
> D　基本方針の策定
> 　特定個人情報等の適正な取扱いの確保について組織として取り組むために、基本方針を策定することが重要である。
> E　取扱規程等の策定
> 　事業者は、A～Cで明確化した事務における特定個人情報等の適正な取扱いを確保するために、取扱規程等を策定しなければならない。

このうち、A～Cでは、組織において、いつ誰がどのようにマイナンバーおよび個人情報を取り扱うのかを明確化することを求めています。

基本的には、人事部門、総務部門または経理部門等が、行政機関等に提出する書類にマイナンバーを記載して提出するために、従業員等から収集・保管することになりますので、どの帳票でマイナンバーを取り扱うのか、そのための業務フローはどうなるのかを、マイナンバーを

取り扱う前までに確認しておきましょう。

また、税理士や社会保険労務士等に、これらの業務を委託することも考えられます。その他には、専門の業者にマイナンバーの保管を委託することも考えられます。そのような場合には、委託先にどのような情報を、どのように渡すのかについて確認しておきましょう。

これらをあらかじめ確認しておくことで、なにをどのように守らなければいけないのかを明確にすることができます。また、情報漏えい等事案が発生した場合に、被害範囲の特定も容易となります。事務を行ううえで不要な情報を保有し続けることは、情報漏えい等のリスクを高めますし、使用しない情報であれば、紛失してしまったことに気づかないかもしれません。

マイナンバーを取り扱い始めるこのタイミングで、社内に保有し、利用している情報について見直してみることも重要と考えられます。

基本方針の策定と取扱規程等の策定については、**Q5-3** 及び **Q5-4** で説明します。

Point　事務取扱担当者と罰則の関係

マイナンバー法では罰則の強化を１つの特徴として捉えることができるのですが、このことにより、マイナンバーを取り扱う事務取扱担当者が不安になる必要はありません。

例えば、マイナンバーを持ち出して金銭に換えたりする等のように、故意により情報漏えい等を発生させた場合には、罰則が適用される可能性がありますが、通常の事務を行ううえで、過失によりマイナンバーを漏えいさせてしまった場合等には罰則は適用されないと考えられます。

その他の場合として、特定個人情報保護委員会からの指導・助言に従わず、勧告・命令にも従わない場合には、罰則が適用される可能性がありますが、これもほとんど発生しないものと考えられます。

なお、従業員が故意にマイナンバーを持ち出した場合には、その従業員のみではなく、会社にも罰則が適用になる可能性があります。このようなことにならないように、会社としても従業員の監督をするとともに、従業員等がそのようなことを起こさないような気配り等が重要と考えられます。

Q5-3

マイナンバーを適正に取り扱うために、組織の経営層が講ずべき安全管理措置を教えてください（基本方針の策定）。

ガイドラインでは、以下のように規定されています。

第5章　中小規模事業者・小規模事業者におけるマイナンバーの安全管理措置

> A　基本方針の策定
> 　特定個人情報等の適正な取扱いの確保について組織として取り組むために、基本方針を策定することが重要である。
> ≪手法の例示≫
> ＊　基本方針に定める項目としては、次に掲げるものが挙げられる。
> ・　事業者の名称
> ・　関係法令・ガイドライン等の遵守
> ・　安全管理措置に関する事項
> ・　質問及び苦情処理の窓口　等

　ガイドラインの「（別添）特定個人情報に関する安全管理措置」において、本項目のみが「重要である」との表現となっており、「〜しなければならない」との表現にはなっていません。これは、従業員のみのマイナンバーを取り扱う組織等では、基本方針の策定を求めなくても良いだろうという検討によるものです。

　基本方針を組織として定める場合には、手法の例示に示すような項目を規定し、組織が取り扱うマイナンバーの所有者および事務取扱担当者に周知することが重要です。特に、謝金の支払いが多い場合等のように、社外の人のマイナンバーを多く取り扱う事業者の場合には、マイナンバーの取得の際に基本方針を示す資料を提示することで、相手の信頼感を得ることができるのではないかと考えられます。

　また、中小規模事業者においては、次の**Q5-4**（93ページ）に示す取扱規程等をなんらかの形として定めることを求めていませんので、取扱規程等を定めない場合には、マイナンバーの取扱いに関する考え方を簡単な文書で示すことは、マイナンバーの適正な取扱いを確保するにあたって、非常に有効と考えられます。

図5−5　基本方針のイメージ

II　中小規模事業者における安全管理措置

> **※こんな時どうする？**
>
> ◆基本方針は公開する必要がありますか？
>
> 基本方針は、その事業者が取り扱うマイナンバーの所有者に伝わっていることが重要と考えられます。
>
> 例えば、従業員のみのマイナンバーを取り扱っている場合等では、基本方針を外部に公開する必要はなく、従業員に伝わっていれば十分と考えられます。
>
> その一方で、社外の人のマイナンバーを取り扱う場合には、マイナンバーの取得の際に、利用目的とともに基本方針を示すことによって、相手の信頼を得ることができるのではないでしょうか。

Q5-4
マイナンバーを適正に取り扱うためのマニュアルは必要ですか？（取扱規程等の策定）

ガイドラインでは、以下のように規定されています。

B　取扱規程等の策定

　■A～Cで明確化した事務において事務の流れを整理し、<u>特定個人情報等の具体的な取扱いを定める取扱規程等を策定しなければならない。</u>

　≪手法の例示≫
* 取扱規程等は、次に掲げる管理段階ごとに、取扱方法、責任者・事務取扱担当者及びその任務等について定めることが考えられる。具体的に定める事項については、C～Fに記述する安全管理措置を織り込むことが重要である。
  ① 取得する段階
  ② 利用を行う段階
  ③ 保存する段階
  ④ 提供を行う段階
  ⑤ 削除・廃棄を行う段階
* 源泉徴収票等を作成する事務の場合、例えば、次のような事務フローに即して、手続を明確にしておくことが重要である。
  ① 従業員等から提出された書類等を取りまとめる方法
  ② 取りまとめた書類等の源泉徴収票等の作成部署への移動方法
  ③ 情報システムへの個人番号を含むデータ入力方法
  ④ 源泉徴収票等の作成方法
  ⑤ 源泉徴収票等の行政機関等への提出方法
  ⑥ 源泉徴収票等の本人への交付方法

第5章　中小規模事業者・小規模事業者におけるマイナンバーの安全管理措置

⑦　源泉徴収票等の控え、従業員等から提出された書類及び情報システムで取り扱うファイル等の保存方法
⑧　法定保存期間を経過した源泉徴収票等の控え等の廃棄・削除方法　等

【中小規模事業者における対応方法】
○　特定個人情報等の取扱い等を明確化する。
○　事務取扱担当者が変更となった場合、確実な引継ぎを行い、責任ある立場の者が確認する。

組織におけるマイナンバーの取扱いについて、なんらかの規程を定めることを求めている項目ですが、中小規模事業者にはマイナンバーの取扱い等を明確化することのみを求めています。
つまり、何らかの形にする必要はなく、事務取扱担当者が常に同じ取扱いをすることのみを求めています。組織として、事務取扱担当者が変わったとしても、常に同じように、適正にマイナンバーを取り扱うようにすることが重要です。そのために、確実な引継ぎと責任ある者の確認を求めています。
事務取扱担当者が頻繁に変わる場合等には、結果として引継ぎ資料等が整備されるかもしれませんが、事務取扱担当者が変わらない場合には、その担当者にマイナンバーの取扱いについて尋ねたときに、同じ答えが返ってくるようにすることが重要です。

図5-6　事務取扱担当者の引継ぎイメージ

Ⅱ　中小規模事業者における安全管理措置

Q5-5
マイナンバーを適正に取り扱うために、組織として取り組むべき安全管理措置を教えてください（組織的安全管理措置）。

ガイドラインの「C　組織的安全管理措置」に記載されている、以下の事項について措置を講ずる必要があります。

組織的安全管理措置の中小規模事業者における対応では、マイナンバーを取り扱う体制が少人数で構成されていることが想定されることから、少人数の体制を想定して、講ずべき組織的安全管理措置を規定しています。

1 マイナンバーを取り扱うための社内体制の整備

ガイドラインでは、以下のように規定されています。

---

a　組織体制の整備
安全管理措置を講ずるための組織体制を整備する。
≪手法の例示≫
* 組織体制として整備する項目は、次に掲げるものが挙げられる。
   ・ 事務における責任者の設置及び責任の明確化
   ・ 事務取扱担当者の明確化及びその役割の明確化
   ・ 事務取扱担当者が取り扱う特定個人情報等の範囲の明確化
   ・ 事務取扱担当者が取扱規程等に違反している事実又は兆候を把握した場合の責任者への報告連絡体制
   ・ 情報漏えい等事案の発生又は兆候を把握した場合の従業者から責任者等への報告連絡体制
   ・ 特定個人情報等を複数の部署で取り扱う場合の各部署の任務分担及び責任の明確化

【中小規模事業者における対応方法】
○　事務取扱担当者が複数いる場合、責任者と事務取扱担当者を区分することが望ましい。

手法の例示では様々な組織体制の整備を求めていますが、このような組織体制を中小規模事業者に求めることは負荷が重いと考えられることから、マイナンバーを取り扱う事務取扱担当者の人数が少ない場合であっても、責任者と事務取扱担当者は分けることを求めています。

95

第5章　中小規模事業者・小規模事業者におけるマイナンバーの安全管理措置

マイナンバーを取り扱うこととなる部署の担当者は、これまでも組織の資金の管理等の重要な事務を行っていると考えられることから、ある程度の体制はできていると考えられますので、同じような体制でマイナンバーを取り扱えばよいものと考えられます。

図5－7　責任者と事務取扱担当者の関係イメージ

2 マイナンバーの適正な取扱いに関する記録

ガイドラインでは、以下のように規定されています。

---
b　取扱規程等に基づく運用
　取扱規程等に基づく運用状況を確認するため、システムログ又は利用実績を記録する。
　≪手法の例示≫
　＊　記録する項目としては、次に掲げるものが挙げられる。
　　・　特定個人情報ファイルの利用・出力状況の記録
　　・　書類・媒体等の持出しの記録
　　・　特定個人情報ファイルの削除・廃棄記録
　　・　削除・廃棄を委託した場合、これを証明する記録等
　　・　特定個人情報ファイルを情報システムで取り扱う場合、事務取扱担当者の情報システムの利用状況（ログイン実績、アクセスログ等）の記録

【中小規模事業者における対応方法】
　○　特定個人情報等の取扱状況の分かる記録を保存する。

マイナンバーの取扱いにあたって、記録の保存を求めています。ある程度の規模の情報システムを用いてマイナンバーを取り扱っていれば、情報システムが自動的に生成するシステムログを保存することが考えられますが、そうでない場合には、紙に記録を保存することが考えられます。

Ⅱ 中小規模事業者における安全管理措置

その場合には、業務日誌等において、どのような事務を行ったのかを記録しておくことが求められます。以下のQ&Aが参考になるでしょう。

Q14-2 「b 取扱規程等に基づく運用」及び「c 取扱状況を確認する手段の整備」の【中小規模事業者における対応方法】における「取扱状況の分かる記録を保存する」とは、どのように考えることが適切ですか。

A14-2 「取扱状況の分かる記録を保存する」とは、例えば、以下の方法が考えられます。
・ 業務日誌等において、例えば、特定個人情報等の入手・廃棄、源泉徴収票の作成日、本人への交付日、税務署への提出日等の、特定個人情報等の取扱い状況を記録する。
・ 取扱規程、事務リスト等に基づくチェックリストを利用して事務を行い、その記入済みのチェックリストを保存する。

〔「特定個人情報の適正な取扱いに関するガイドライン(事業者編)」及び「(別冊)金融業務における特定個人情報の適正な取扱いに関するガイドライン」に関するQ&A〕

取扱規程等が整備されていれば、そのとおりに記録を行えば良いのでとても単純ですが、そうでない場合にはなにを記録すれば良いかわからないと思われます。

本項目の手法の例示に記載されているようなタイミングで記録することも考えられますし、例えば、マイナンバーの取得、利用、保存、提供、削除・廃棄のタイミングで、事務の種類とマイナンバーの範囲を記録することが考えられます。

マイナンバーの取扱いを外部委託している場合には、委託先に預けているマイナンバーの範囲をわかるようにすることが重要となります。

このような記録は、社内においてマイナンバーを適正に取り扱っているという証拠になりますし、万が一でもマイナンバーの漏えい等が発生してしまった場合には、誰のマイナンバーがどこに漏れてしまったのか等を迅速に把握するための手助けとなることが考えられます。

図5-8 マイナンバーの取扱いを記録するイメージ(1)

第5章 中小規模事業者・小規模事業者におけるマイナンバーの安全管理措置

3 マイナンバーの取扱状況を確認するために必要な事項

ガイドラインでは、以下のように規定されています。

> c 取扱状況を確認する手段の整備
> 　特定個人情報ファイルの取扱状況を確認するための手段を整備する。
> 　なお、取扱状況を確認するための記録等には、特定個人情報等は記載しない。
> ≪手法の例示≫
> ＊ 取扱状況を確認するための記録等としては、次に掲げるものが挙げられる。
> 　・　特定個人情報ファイルの種類、名称
> 　・　責任者、取扱部署
> 　・　利用目的
> 　・　削除・廃棄状況
> 　・　アクセス権を有する者
>
> 【中小規模事業者における対応方法】
> 　○　特定個人情報等の取扱状況の分かる記録を保存する。

「b　取扱規程等に基づく運用」および「c　取扱状況を確認する手段の整備」の【中小規模事業者における対応方法】は同じ記述となっています。

これは、ある程度の小さな規模の組織であれば、「b　取扱規程等に基づく運用」で保存された記録をみれば、「c　取扱状況を確認する手段の整備」の主旨である「組織内において、どこに、どのような特定個人情報ファイルがあるかを明確にする」を達成できるだろうとの考えからです。

図5-9　マイナンバーの取扱いを記録するイメージ(2)

Ⅱ 中小規模事業者における安全管理措置

4 マイナンバーが漏えい、滅失または毀損した場合に備えるべき事項

ガイドラインでは、以下のように規定されています。

> d 情報漏えい等事案に対応する体制の整備
> 　情報漏えい等の事案の発生又は兆候を把握した場合に、適切かつ迅速に対応するための体制を整備する。
> 　情報漏えい等の事案が発生した場合、二次被害の防止、類似事案の発生防止等の観点から、事案に応じて、事実関係及び再発防止策等を早急に公表することが重要である。
> ≪手法の例示≫
> 　＊　情報漏えい等の事案の発生時に、次のような対応を行うことを念頭に、体制を整備することが考えられる。
> 　　・　事実関係の調査及び原因の究明
> 　　・　影響を受ける可能性のある本人への連絡
> 　　・　委員会及び主務大臣等への報告
> 　　・　再発防止策の検討及び決定
> 　　・　事実関係及び再発防止策等の公表
>
> 【中小規模事業者における対応方法】
> 　○　情報漏えい等の事案の発生等に備え、従業者から責任ある立場の者に対する報告連絡体制等をあらかじめ確認しておく。

　マイナンバーの取扱いにあたって問題が発生した場合における報告・連絡体制の整備を求めています。これも、通常の組織であれば、なにかあった場合の報告連絡体制が整備されていると思いますので、このタイミングで確認し見直しておくことが重要です。

　もう少し余力がある事業者では、マイナンバーを含めて情報漏えい等が発生してしまったと考えられる場合の相談先を確認しておくことが考えられます。身近に有識者がいれば最も心強いと思いますが、そうでない場合が多いことと思います。有償となってしまうかもしれませんが、そういった場合に相談に応じてくれるサービスを提供している事業者もいますので、確認しておくと良いでしょう。

第5章　中小規模事業者・小規模事業者におけるマイナンバーの安全管理措置

図5-10　情報漏えい等が発生した場合の対応イメージ

こんな時どうする？

◆情報漏えい等の事案の公表は必須でしょうか？

　中小規模の事業者であって、主に従業員のマイナンバーのみを取り扱うような事業者であれば、事案の公表は必ずしも必要ないと考えられます。漏えいし、悪用されるおそれのあるマイナンバーは、変更が可能ですので、適切な対応を行うためにも従業員に情報提供をすることが重要です。

　その一方で、従業員以外のマイナンバーを取り扱っていて、その影響が大きいと考えられる場合には、事案の公表が重要となります。

　この場合も、漏えいしてしまった対象者に対するフォローが重要となるでしょう。

5 マイナンバーの取扱いを改善するために必要な対応

ガイドラインでは、以下のように規定されています。

---

e　取扱状況の把握及び安全管理措置の見直し

　特定個人情報等の取扱状況を把握し、安全管理措置の評価、見直し及び改善に取り組む。

≪手法の例示≫

＊　特定個人情報等の取扱状況について、定期的に自ら行う点検又は他部署等による監査を実施する。

＊　外部の主体による他の監査活動と合わせて、監査を実施することも考えられる。

【中小規模事業者における対応方法】

○　責任ある立場の者が、特定個人情報等の取扱状況について、定期的に点検を行う。

Ⅱ 中小規模事業者における安全管理措置

　マイナンバーの取扱いについて、定期的に確認をして改善することを求めている項目ですが、小さな規模の組織では、大企業と比較して、マイナンバーの取扱いを含め、事務の様子を把握しやすく、異変等に気づきやすいと考えられます。

　「定期的」のタイミングについては、1ヶ月に1回程度とすることも考えられますし、給与所得の源泉徴収票の作成等のように1年に1回の定期的な作業でマイナンバーを取り扱うこととなるタイミング等に合わせてマイナンバーの取扱いを再確認すること等が重要です。

　マイナンバーの取扱状況の確認とともに、後述する教育を同時に行うことも効果的と考えられます。取扱いの誤りを発見することも重要ですが、どうすれば正しくマイナンバーを取り扱えるのかを確認することが重要です。

図5-11　マイナンバーの取扱い方法の見直しイメージ

Q5-6
マイナンバーを適正に取り扱うために従業員が取り組むべき安全管理措置を教えてください（人的安全管理措置）。

　ガイドラインの「D　人的安全管理措置」に記載されている、以下の事項について措置を講ずる必要があります。

　人的安全管理措置では「中小規模事業者における対応方法」を特に規定していませんので、中小規模事業者であっても、次の❶および❷の規定を遵守しなければなりません。

101

第5章 中小規模事業者・小規模事業者におけるマイナンバーの安全管理措置

1 事務取扱担当者の監督

ガイドラインでは、以下のように規定されています。

> a 事務取扱担当者の監督
> 事業者は、特定個人情報等が取扱規程等に基づき適正に取り扱われるよう、事務取扱担当者に対して必要かつ適切な監督を行う。

通常の組織であれば、従業員の上司が部下の監督をしていると考えられますので、同じようにマイナンバーを取り扱う事務に関しても、監督すれば良いと考えられます。

マイナンバーを取り扱うこのタイミングで、従業員の監督について見直してみることが重要です。

図5-12 事務取扱担当者の監督イメージ

✹ こんな時どうする?

◆従業員の監督のために監視カメラが必要ですか?

中小規模で、従業員のマイナンバーを主に取り扱うような事業者であれば、通常の場合、監視カメラによる従業員の監督は過剰ではないかと筆者は考えます。

ただし、顧客のマイナンバーを大量に取り扱っていること等から、作業の透明性を確保することが重要である場合や、その他の理由により監視カメラを設置することは、採用しうる手法の1つと考えられます。

2 事務取扱担当者の教育

ガイドラインでは、以下のように規定されています。

> b 事務取扱担当者の教育
> 　事業者は、事務取扱担当者に、特定個人情報等の適正な取扱いを周知徹底するとともに適切な教育を行う。
> 　≪手法の例示≫
> 　＊　特定個人情報等の取扱いに関する留意事項等について、従業者に定期的な研修等を行う。
> 　＊　特定個人情報等についての秘密保持に関する事項を就業規則等に盛り込むことが考えられる。

　通常の組織であれば、従業員に様々な教育をしていることと考えられますので、マイナンバーの取扱いについても同様に教育することが考えられます。

　特定個人情報保護委員会のホームページでも色々な資料を公開していますから、うまく活用すると良いでしょう。また、市区町村や商工会議所等の公的機関等が主催するセミナーを利用し、これに参加することも良い教育となるでしょう。

　マイナンバー制度は始まったばかりですから、これから制度が色々と変化することが考えられます。そのため、1年に1度くらいは教育を兼ねて、情報収集をすることが重要と考えます。

図5-13　事務取扱担当者の教育イメージ

Q5-7
マイナンバーの紛失・盗難等を防ぐための安全管理措置を教えてください（物理的安全管理措置）。

ガイドラインの「E　物理的安全管理措置」に記載されている、以下の事項について措置を講ずる必要があります。

1 マイナンバーを取り扱う場所と他の業務を行う場所との区分の必要性

ガイドラインでは、以下のように規定されています。

---
a　特定個人情報等を取り扱う区域の管理

　特定個人情報等の情報漏えい等を防止するために、特定個人情報ファイルを取り扱う情報システムを管理する区域（以下「管理区域」という。）及び特定個人情報等を取り扱う事務を実施する区域（以下「取扱区域」という。）を明確にし、物理的な安全管理措置を講ずる。

≪手法の例示≫
* 管理区域に関する物理的安全管理措置としては、入退室管理及び管理区域へ持ち込む機器等の制限等が考えられる。
* 入退室管理方法としては、ICカード、ナンバーキー等による入退室管理システムの設置等が考えられる。
* 取扱区域に関する物理的安全管理措置としては、壁又は間仕切り等の設置及び座席配置の工夫等が考えられる。

　事務取扱担当者の机上のパソコンに人事給与ソフトウェアや経理ソフトウェア等の製品を入れてマイナンバーを取り扱う場合や、マイナンバーの取扱いを外部委託している場合には、管理区域は存在しなくなりますので、取扱区域についてのみ考えることとなります。

　80人程度の組織であれば、マイナンバーを取り扱う総務部門や人事部門、給与部門等は他の部署とは離れたところに固まって存在しているのではないかと想定されます。

　これらの事務を行う場所が個別の部屋になっていると良いですが、そうでない場合でも、例えば書棚のようなもので区切られていたり、部屋の奥に座席が配置されていたりする等、他の従業員の往来が少なくなる工夫が重要と考えられます。手法の例示に記載されているように、壁や間仕切りによる区分も考えられます。

　従業員の給与情報や家族構成等の個人情報はむやみに閲覧可能な区域で管理していないと考

Ⅱ 中小規模事業者における安全管理措置

えられますので、マイナンバーについても同様の取扱いとすれば良いと考えます。

> ✹ こんな時どうする？
>
> ◆マイナンバーの取扱いを外部委託している場合には…
> 　既に給与事務や経理事務等を外部委託していて、マイナンバーの取扱いも同様に外部委託する予定の場合には、外部委託先での物理的安全管理措置についての確認が必要です。
> 　一般的には、堅牢な環境で業務が行われているものと考えられますので、問題となることは多くないと考えられます。機会があれば、委託先を訪問するのも良いでしょう。
>
> ◆区域の明確化が難しい場合には…
> 　事務所のスペースが十分でない場合や、社員が個々に机を持たないフリーアドレスを採用している場合等、取扱区域の明確化（特定）が困難となることが予想されます。このような場合であっても、事務取扱担当者は明確であることが想定されますので、事務取扱担当者の周辺を取扱区域とすることも考えられます。
> 　このような場合には、個人番号関係事務を行う事務取扱担当者は、マイナンバーを他の従業員等に覗き見等されないように、机上の資料を最小限にする等の工夫が重要です。
>
> ◆マイナンバーをサーバー等で管理する場合には…
> 　マイナンバーを管理するサーバー等の設置場所を管理区域として、適切に安全管理措置を講ずる必要があります。
> 　社内にサーバー室等がある場合には、その部屋に設置することが考えられます。他のサーバー類と同じ区域に設置することは、まったく問題ありませんが、誤って操作することがないように措置を講ずる必要があります。

第5章　中小規模事業者・小規模事業者におけるマイナンバーの安全管理措置

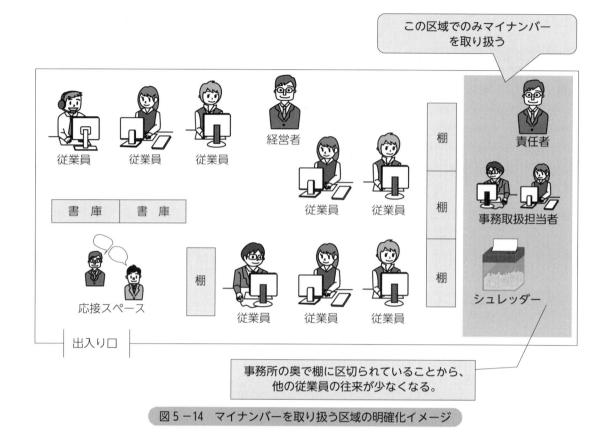

図5-14　マイナンバーを取り扱う区域の明確化イメージ

2 マイナンバーを保存した機器および電子媒体等を盗難等から守るための対応

ガイドラインでは、以下のように規定されています。

> b　機器及び電子媒体等の盗難等の防止
> 　管理区域及び取扱区域における特定個人情報等を取り扱う機器、電子媒体及び書類等の盗難又は紛失等を防止するために、物理的な安全管理措置を講ずる。
> 　≪手法の例示≫
> ＊　特定個人情報等を取り扱う機器、電子媒体又は書類等を、施錠できるキャビネット・書庫等に保管する。
> ＊　特定個人情報ファイルを取り扱う情報システムが機器のみで運用されている場合は、セキュリティワイヤー等により固定すること等が考えられる。

　80人程度の規模の組織であれば、組織の重要な書類や機器等を紛失・盗難等から守るために対策を講じていることでしょう。会社の重要な書類等は金庫等に保管されていると考えられま

Ⅱ 中小規模事業者における安全管理措置

すし、その次に重要な書類等は鍵のかかる書庫や引き出し等に保管されていると考えられます。

これらの重要な書類等と同じように、マイナンバーの取扱いにあたって利用する機器や書類等を取り扱うことを求めています。マイナンバーの取扱いを開始するこのタイミングで、これらの機器や書類等の保管方法を見直してみることも重要と考えられます。同様に、出入り口の施錠に関するルール等、事務所の防犯対策も見直してみると良いかもしれません。

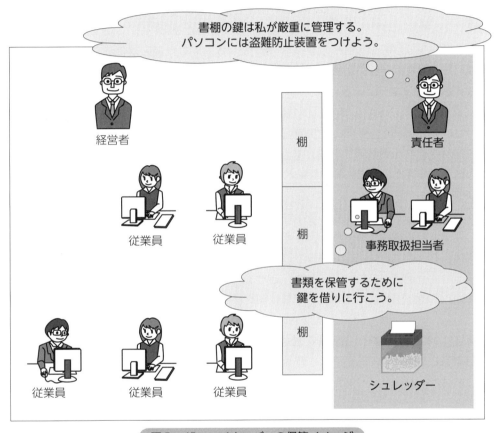

図 5-15 マイナンバーの保管イメージ

少し余力のある事業者であれば、このタイミングで、会社の重要書類の保管方法を見直してみることも良いではないかと思われます。例えば、東日本大震災における津波の被害地域では、会社の重要書類等がすべて津波に流されてしまったことから、平常時にどのようにして事務を行っていたかを確認する方法がなくなってしまい、平常業務の再開が非常に遅くなってしまった事業者もありました。あのような非常に発生率の低い大規模自然災害を念頭に置くと、その対策は、ずれたものになってしまうかもしれませんが、事務所の火災や空き巣等を想定し、会社の重要書類等がなくならないようにすること、仮になくなってしまった場合でも事業を継続

できるようにすることは十分に必要なことであろうと考えられます。

> ☀ こんな時どうする？
>
> ◆マイナンバーが書かれた書類を鍵のかかる書棚に保管する場合には…
> 　マイナンバーが書かれた書類を鍵のかかる書棚に保管する場合、責任者が鍵の管理をすることになると考えられます。このような場合に、鍵の管理を厳重にしすぎると、業務に支障をきたす可能性があります。
> 　例えば、マイナンバーが書かれた書類を提出する場合として、支払調書等の税関係の書類等を提出することがありますが、この提出期間は意外と短いことから、例えば、このような期間に責任者がインフルエンザ等の病気に罹患してしまうと、致命的な作業の遅れにつながりかねません。
> 　このような事態を回避するためにも、鍵の管理はある程度は厳重にしつつも、もしもの場合についても検討しておきましょう。
>
> ◆マイナンバーの保管を外部の倉庫業者等に発注している場合には…
> 　すぐに鍵付きの書庫を整備できない場合や、既に書庫が一杯となってしまっている場合等においては、他の書類等とともに、利用頻度の低い控え書類等を倉庫業者等に預けてしまうことが考えられます。
> 　このような場合には、倉庫業者に書類等を見られないようにすることが重要となります。その対策としては、倉庫業者が準備している専用の容器やダンボール等に厳重に梱包して預ける等の方法が考えられます。
> 　このような場合であっても、不要となったマイナンバーは削除・廃棄しなければならないことから、適切な保管方法を検討する必要があります。
>
> ◆施錠可能な書庫等をすぐに準備できない場合には…
> 　本項目で示した盗難等の防止策は、費用負担が必要なものや、設置スペースが必要なものが多く、すぐには導入できない可能性があります。そのような場合には、一旦は運用方法で対応しつつ、計画的に対応を検討しましょう。
> 　具体的には、書類等の格納場所を責任者の席の近くに設置し、書類等の出し入れは必ず責任者の眼に触れるようにして管理することで、紛失・盗難等を防止することが考えられます。使用した書類等を必ずもとの場所に戻すという習慣付けも重要です。また、執務室全体の施錠を確実にすることで、空巣等の被害を防止することが考えられます。
> 　マイナンバー以外の重要書類の保護の観点からも、どのように保管することが良いのか、このタイミングで見直すことが重要です。

3 事務所の外でマイナンバーを取り扱う際の対応

ガイドラインでは、以下のように規定されています。

> c 電子媒体等を持ち出す場合の漏えい等の防止
> 　特定個人情報等が記録された電子媒体又は書類等を持ち出す場合、容易に個人番号が判明しない措置の実施、追跡可能な移送手段の利用等、安全な方策を講ずる。
> 　「持出し」とは、特定個人情報等を、管理区域又は取扱区域の外へ移動させることをいい、事業所内での移動等であっても、紛失・盗難等に留意する必要がある。
> 　≪手法の例示≫
> 　＊　特定個人情報等が記録された電子媒体を安全に持ち出す方法としては、持出しデータの暗号化、パスワードによる保護、施錠できる搬送容器の使用等が考えられる。ただし、行政機関等に法定調書等をデータで提出するに当たっては、行政機関等が指定する提出方法に従う。
> 　＊　特定個人情報等が記載された書類等を安全に持ち出す方法としては、封緘、目隠しシールの貼付を行うこと等が考えられる。
>
> 【中小規模事業者における対応方法】
> 　○　特定個人情報等が記録された電子媒体又は書類等を持ち出す場合、パスワードの設定、封筒に封入し鞄に入れて搬送する等、紛失・盗難等を防ぐための安全な方策を講ずる。

マイナンバーを事務所等の外で取り扱う場合に、紛失や盗難等を防止することを求めています。注意すべきケースとしては、例えば、給与所得の源泉徴収票を税務署等に持参する場合や、事務所外でのマイナンバーの取得時等が考えられます。

最近の個人情報漏えい等の事案において良く起きているものの1つが、このように書類等の移送中における紛失やひったくり、車上荒らし、飲酒による置き忘れ等ですので、これらが起きないような対策を講ずることが考えられます。

例えば、電車の網棚に書類等を置かないこと等のように書類等を肌身離さず持ち運ぶこと、書類等の移送中に不要な寄り道をしないこと等が考えられます。このようなことは、マイナンバーの有無にかかわらず、契約書等の重要な書類を持ち運ぶ際にも同様のことが求められると考えられますので、このタイミングで、これまでの重要書類の取扱いについて自社で見直すことが重要です。

第5章　中小規模事業者・小規模事業者におけるマイナンバーの安全管理措置

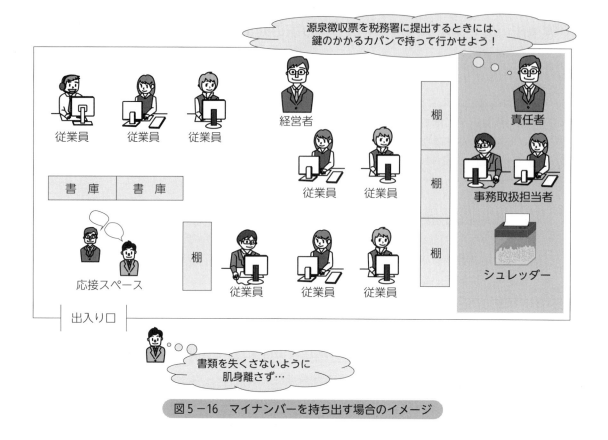

図5-16　マイナンバーを持ち出す場合のイメージ

4 マイナンバーの削除または廃棄の方法

ガイドラインでは、以下のように規定されています。

d　個人番号の削除、機器及び電子媒体等の廃棄
　個人番号関係事務又は個人番号利用事務を行う必要がなくなった場合で、所管法令等において定められている保存期間等を経過した場合には、個人番号をできるだけ速やかに復元できない手段で削除又は廃棄する。
　個人番号若しくは特定個人情報ファイルを削除した場合、又は電子媒体等を廃棄した場合には、削除又は廃棄した記録を保存する。また、これらの作業を委託する場合には、委託先が確実に削除又は廃棄したことについて、証明書等により確認する。
≪手法の例示≫
　＊　特定個人情報等が記載された書類等を廃棄する場合、焼却又は溶解等の復元不可能な手段を採用する。
　＊　特定個人情報等が記録された機器及び電子媒体等を廃棄する場合、専用のデータ削除ソフトウェアの利用又は物理的な破壊等により、復元不可能な手段を採用する。
　＊　特定個人情報ファイル中の個人番号又は一部の特定個人情報等を削除する場合、容易に復

元できない手段を採用する。
＊　特定個人情報等を取り扱う情報システムにおいては、保存期間経過後における個人番号の削除を前提とした情報システムを構築する。
＊　個人番号が記載された書類等については、保存期間経過後における廃棄を前提とした手続を定める。

【中小規模事業者における対応方法】
○　特定個人情報等を削除・廃棄したことを、責任ある立場の者が確認する。

マイナンバーの取扱いにあたって、最も注意すべき点の1つが、この規定です。

これまでの保存義務がある書類は、例えば7年間の保存が決まっている書類であれば、7年以上保存していれば問題はなかったわけですが、これからはマイナンバーが記載されているものについては、7年を過ぎた段階で削除・廃棄しなければなりません。とはいえ、7年を1秒でも過ぎてはいけないかというと、そういうわけではなく、現実的なタイミングで削除・廃棄すれば良いと考えられます。

中小規模事業者においては、責任ある立場の者が、削除・廃棄に関して確認することを求めています。他の重要な作業も同様に確認されているものと考えられますし、個人情報漏えい等事案において一定の割合で発生する「誤廃棄」を防止するためにも有効と考えられます。

また、廃棄の際にはマイナンバーを復元できないようにすることが重要です。社内の他の重要な書類を廃棄する際に、そのままゴミ箱に棄てるようなことはないものと考えられますので、同じようにマイナンバーが記載された書類を廃棄すれば良いと考えられます。これは、有効期限の切れたクレジットカード等を棄てる際に、カード番号およびセキュリティコードがわからないようにハサミを入れ、磁気ストライプ部分およびICチップ部分にもハサミを入れて、完全に使えないようにするのと同様です。

この重要書類等の廃棄の方法についても、このタイミングで見直すことが重要と考えられます。

第5章 中小規模事業者・小規模事業者におけるマイナンバーの安全管理措置

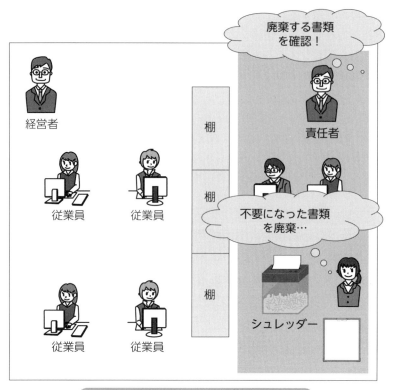

図5-17 マイナンバーの廃棄のイメージ

こんな時どうする？

◆表計算ソフトウェア等でマイナンバーを管理している場合の削除方法は？
（1） ある特定の従業員のマイナンバーを削除する場合
　一般的な表計算ソフトウェアを用いてマイナンバーを表形式で管理している場合、削除したい箇所を消して上書き保存したときは元に戻せなくなると考えられることから、それで十分と考えられます。
　利用しているソフトウェア等によっても操作方法や操作結果が異なると考えられますので、元に戻せなくなっていることを確認してください。
　特に、作業の取消し機能や、自動バックアップ機能があった場合であっても、復元できなくなっていることを確認してください。

（2） 作成したファイルそのものを削除する場合
　一般的な基本ソフトウェアであれば、ファイルをゴミ箱に捨てることができると思います。ゴミ箱に捨てた状態ですと容易に復元できてしまいますので、ゴミ箱を空にすることが必要です。
　ゴミ箱を空にした場合であっても、専用のソフトウェアを用いれば復元できる可能性はありま

すが、容易に復元できると捉えることはできないため、これで十分と考えられます。

Q5-8
マイナンバーを情報技術により取り扱う場合の安全管理措置を教えてください（技術的安全管理措置）。

ガイドラインの「F 技術的安全管理措置」に記載されている以下の事項について措置を講ずる必要があります。

技術的安全管理措置においては、主にアクセス制御に関する規定について、中小規模事業者における対応方法を記載しました。これは、マイナンバーを取り扱う機器の規模が異なるであろうこと、つまり、事務取扱担当者のパソコンにパッケージ製品等を導入して事務を行っているか、または外部委託していると考えられることを想定したものです。

1 マイナンバーを取り扱う事務の範囲、事務に利用する特定個人情報の範囲、事務取扱担当者の制限のための対応

ガイドラインでは、以下のように規定されています。

---
a アクセス制御
　情報システムを使用して個人番号関係事務又は個人番号利用事務を行う場合、事務取扱担当者及び当該事務で取り扱う特定個人情報ファイルの範囲を限定するために、適切なアクセス制御を行う。
　≪手法の例示≫
　＊　アクセス制御を行う方法としては、次に掲げるものが挙げられる。
　　・　個人番号と紐付けてアクセスできる情報の範囲をアクセス制御により限定する。
　　・　特定個人情報ファイルを取り扱う情報システムを、アクセス制御により限定する。
　　・　ユーザーIDに付与するアクセス権により、特定個人情報ファイルを取り扱う情報システムを使用できる者を事務取扱担当者に限定する。

【中小規模事業者における対応方法】
　○　特定個人情報等を取り扱う機器を特定し、その機器を取り扱う事務取扱担当者を限定することが望ましい。
　○　機器に標準装備されているユーザー制御機能（ユーザーアカウント制御）により、情報シ

第5章　中小規模事業者・小規模事業者におけるマイナンバーの安全管理措置

> ステムを取り扱う事務取扱担当者を限定することが望ましい。

　前述したとおり、中小規模事業者がマイナンバーを取り扱うにあたっては事務取扱担当者のパソコンにパッケージソフトを導入等していること等を想定しています。そのため、当該ソフトウェアによるアクセス制御やネットワーク経路におけるアクセス制御等の実現が期待できないことから、そのパソコンを事務取扱担当者専用とすることや、標準装備されているユーザーアカウント制御等を利用することを規定しています。
　マイナンバーの取扱いを外部委託している場合も同様です。この場合においても、外部委託先に渡すデータの作成事務が発生すると考えられますので、このような事務に利用するパソコンを限定する等の方法が考えられます。

図5-18　アクセス制御のイメージ

　また、クラウドサービスのように、情報システムをインターネット経由で利用している場合では、クラウドサービス事業者が提供しているアクセス制御方法を確実に利用することが重要です。これらのアクセス制御機能を使いこなすことは意外と難しいことから、このようなサービスを利用している事業者は、サービス提供者の説明をよく聞いて、間違いのないように利用することが重要です。

2 情報システムの事務取扱担当者を確認するための方法

　ガイドラインでは、以下のように規定されています。

> b　アクセス者の識別と認証
> 　特定個人情報等を取り扱う情報システムは、事務取扱担当者が正当なアクセス権を有する者であることを、識別した結果に基づき認証する。

> ≪手法の例示≫
> * 事務取扱担当者の識別方法としては、ユーザーID、パスワード、磁気・ICカード等が考えられる。
>
> 【中小規模事業者における対応方法】
> ○ 特定個人情報等を取り扱う機器を特定し、その機器を取り扱う事務取扱担当者を限定することが望ましい。
> ○ 機器に標準装備されているユーザー制御機能(ユーザーアカウント制御)により、情報システムを取り扱う事務取扱担当者を限定することが望ましい。

本項目の「中小規模事業者における対応方法」は「a アクセス制御」と同じ規定となっています。

3 外部からの不正アクセス等の防止策

ガイドラインでは、以下のように規定されています。

> c 外部からの不正アクセス等の防止
> 　情報システムを外部からの不正アクセス又は不正ソフトウェアから保護する仕組みを導入し、適切に運用する。
> ≪手法の例示≫
> * 情報システムと外部ネットワークとの接続箇所に、ファイアウォール等を設置し、不正アクセスを遮断する。
> * 情報システム及び機器にセキュリティ対策ソフトウェア等(ウイルス対策ソフトウェア等)を導入する。
> * 導入したセキュリティ対策ソフトウェア等により、入出力データにおける不正ソフトウェアの有無を確認する。
> * 機器やソフトウェア等に標準装備されている自動更新機能等の活用により、ソフトウェア等を最新状態とする。
> * ログ等の分析を定期的に行い、不正アクセス等を検知する。

本項目には中小規模事業者における特別な対応方法はありません。
　組織でマイナンバーを取り扱うために利用しているパソコン等の環境に応じた措置を講ずれば十分と考えられます。これまでも、パソコンに対するセキュリティ対策を講じていると考えられますので、このタイミングで見直してみることが重要です。

第5章 中小規模事業者・小規模事業者におけるマイナンバーの安全管理措置

具体的には、パソコンにウイルス対策ソフトウェアを導入して常に最新の状態に保つことや、クラウド型のセキュリティサービスを利用すること等が考えられます。

図5-19 不正アクセス対策のイメージ

4 マイナンバーをインターネット等により授受する場合の対応

ガイドラインでは、以下のように規定されています。

> d 情報漏えい等の防止
> 　特定個人情報等をインターネット等により外部に送信する場合、通信経路における情報漏えい等を防止するための措置を講ずる。
> 《手法の例示》
> ＊ 通信経路における情報漏えい等の防止策としては、通信経路の暗号化等が考えられる。
> ＊ 情報システム内に保存されている特定個人情報等の情報漏えい等の防止策としては、データの暗号化又はパスワードによる保護等が考えられる。

中小規模事業者においてマイナンバーをインターネット等により外部に送信することはほとんどないと考えて良いでしょう。もしあるとすると、事務を委託したり、クラウド型のサービスを利用したりする場合が考えられます。これらの場合には、マイナンバーの提供を求める側が適切な安全管理措置を講ずるものと考えられますので、それに従ってください。

図5-20 マイナンバーを送受信する場合のイメージ

🔅 こんな時どうする？

◆暗号化またはパスワードの設定には、専用のソフトウェアが必要ですか？

　専用のソフトウェアを用いることも選択肢の1つと考えられますが、利用しているソフトウェアにパスワードを設定する機能がある場合には、まずは、それらを活用することが考えられます。

　最近のソフトウェアによるパスワードの設定では、データを暗号化している場合もあることから、ある程度の強度で安全に保管することができると考えられます。

　なお、容易に類推できるパスワードを設定していた場合等には、パスワードを設定していないのと同様にみなされる可能性がありますので、注意が必要です。

Ⅲ 小規模な事業者における安全管理措置

　前節では、中小規模事業者としては規模の大きな従業員80名程度の組織を想定した安全管理措置について説明しました。本節では従業員4～5名程度の事務所のような組織を対象に説明します。

　時間のない方は、「**5**小規模な事業者における安全管理措置のイメージ」（140ページ）を先に読んでください。

🔅 こんな時どうする？

◆ガイドラインに書いてある安全管理措置を講ずることが、当社にとって負担が大きすぎるのですが…

　ガイドラインにおける安全管理措置は、マイナンバー法を遵守するために必要な事項と、事業

者において個人情報を保護するために必要と考えられる事項を規定しています。

　手法の例示の記載は、あくまで一般的な例示ですので、小規模な事業者には合わないものもあるかもしれません。事業者の規模及び特定個人情報等を取り扱う事務の特性等により、適切な手法を採用することが重要です。

Q5-9
小規模な事業者におけるマイナンバーの対応方法の例を教えてください。

　小規模な事業者であっても、給与関係、経理関係および社会保障関係の事務は行ってきたものと考えられます。マイナンバー制度導入後も、これらの事務が劇的に変化するわけではありません。行政機関等に提出する書類にマイナンバーの記入欄があった場合に、マイナンバーを記載して提出するようになるだけです。

1 自社で給与・経理・社会保障関係の事務を行っている場合

　これらの事務を自社で行ってきた事業者は、マイナンバー制度に伴う帳票類の変更に対応することとなります。これまでも、税および社会保障分野に関する提出書類の変更は、しばしば発生していたものと考えられますので、同じように対応すれば良いでしょう。

　これらの業務を行ってきた従業員は1名程度と考えられますので、その担当者がパソコンでそれらの帳票類を作成していれば、そのパソコンをその担当者専用とすること（→「F 技術的安全管理措置　a アクセス制御」（137ページ））やそのパソコンのセキュリティ対策を見直す（→「F 技術的安全管理措置　c 外部からの不正アクセス等の防止」（139ページ））が特に重要となるでしょう。

2 給与・経理・社会保障関係の事務を外部委託している場合

　これらの事務を既に外部に委託している事業者は、マイナンバーの取扱いも同様に外部委託することが考えられます。外部に委託する場合に必要な情報の授受や控え書類等の授受に際しては、情報漏えいや紛失等のリスクがありますので、以下の点に注意が必要です。

　　①　外部委託先と書類等で情報を授受する場合
　　　→　E 物理的安全管理措置　c 電子媒体等を持ち出す場合の漏えい等の防止（133

Ⅲ 小規模な事業者における安全管理措置

　　ページ)
② 外部委託先と電子データでマイナンバーを授受する場合
　　→　F　技術的安全管理措置　d　情報漏えい等の防止（140ページ）

Q5-10
小規模な事業者における安全管理措置の検討手順を教えてください。

ガイドラインでは、以下のように規定されています。

> 事業者は、特定個人情報等の取扱いに関する安全管理措置について、次のような手順で検討を行う必要がある。
> A　個人番号を取り扱う事務の範囲の明確化
> 　事業者は、<u>個人番号関係事務又は個人番号利用事務の範囲を明確にしておかなければならない</u>。
> B　特定個人情報等の範囲の明確化
> 　事業者は、Aで明確化した事務において<u>取り扱う特定個人情報等の範囲を明確にしておかなければならない</u>(注)。
> 　　（注）特定個人情報等の範囲を明確にするとは、事務において使用される個人番号及び個人番号と関連付けて管理される個人情報（氏名、生年月日等）の範囲を明確にすることをいう。
> C　事務取扱担当者の明確化
> 　事業者は、Aで明確化した事務に従事する<u>事務取扱担当者を明確にしておかなければならない</u>。
> D　基本方針の策定
> 　特定個人情報等の適正な取扱いの確保について組織として取り組むために、基本方針を策定することが重要である。
> E　取扱規程等の策定
> 　事業者は、A〜Cで明確化した事務における特定個人情報等の適正な取扱いを確保するために、<u>取扱規程等を策定しなければならない</u>。

　A〜Cの手順では、会社の中で、いつ、誰がどのようにマイナンバーを取り扱う事務を行うかの明確化を求めています。
　自社で個人番号関係事務を処理する事業者は、確認しておきましょう。
　個人番号関係事務を外部に委託する事業者は、委託先に対して、いつ、どのような情報のや

第5章　中小規模事業者・小規模事業者におけるマイナンバーの安全管理措置

り取りが発生するのかを確認しておきましょう。

> **こんな時どうする？**
>
> ◆現在の給与事務や経理事務の担当者にマイナンバーの取扱いを拒否されたら、どうすれば良いですか？
>
> 　マイナンバー制度の大きな特徴の1つに罰則の強化があります。これを「マイナンバーを漏えいさせたら厳しい罰則を課される。」と誤解されている方がいらっしゃるようですが、そうではありません。マイナンバー制度における罰則の適用は、故意によるマイナンバーの漏えい時のみと考えられますので、正しい知識を伝えることが重要となります。
>
> 　その他の理由として、「マイナンバーの取扱いがなんとなく気持ち悪い」等の様々な理由が考えられます。新しい制度が開始されるにあたって不安になる気持ちもわかりますが、正しい知識を身につければ、あまり悩む必要がないことも理解していただけるのではないかと思います。

Q5-11

マイナンバーを適正に取り扱うために、組織の経営層が講ずべき安全管理措置を教えてください（基本方針の策定）。

ガイドラインでは、以下のように規定されています。

A　基本方針の策定
　特定個人情報等の適正な取扱いの確保について組織として取り組むために、基本方針を策定することが重要である。
　≪手法の例示≫
　＊　基本方針に定める項目としては、次に掲げるものが挙げられる。
　　・　事業者の名称
　　・　関係法令・ガイドライン等の遵守
　　・　安全管理措置に関する事項
　　・　質問及び苦情処理の窓口　　等

　基本方針の策定は、マイナンバーの取扱いについて、経営層がマイナンバーを取り扱う職員全体に、マイナンバーの取扱方針を示すために策定するものです。

Ⅲ　小規模な事業者における安全管理措置

図5-21　基本方針のイメージ

　この規模の事業者であれば、社員全体が常に一体となっていると考えられますので、基本方針の策定という形式に捉われることなく、マイナンバーの重要性を従業員全体で意識づけできれば良いと考えらえます。

Q5-12
マイナンバーを適正に取り扱うためのマニュアルは必要ですか？（取扱規程等の策定）

ガイドラインでは、以下のように規定されています。

B　取扱規程等の策定
　1 A～Cで明確化した事務において事務の流れを整理し、特定個人情報等の具体的な取扱いを定める取扱規程等を策定しなければならない。
　≪手法の例示≫
　＊　取扱規程等は、次に掲げる管理段階ごとに、取扱方法、責任者・事務取扱担当者及びその任務等について定めることが考えられる。具体的に定める事項については、C～Fに記述する安全管理措置を織り込むことが重要である。
　　① 取得する段階
　　② 利用を行う段階
　　③ 保存する段階
　　④ 提供を行う段階
　　⑤ 削除・廃棄を行う段階
　＊　源泉徴収票等を作成する事務の場合、例えば、次のような事務フローに即して、手続を明確にしておくことが重要である。

121

① 従業員等から提出された書類等を取りまとめる方法
② 取りまとめた書類等の源泉徴収票等の作成部署への移動方法
③ 情報システムへの個人番号を含むデータ入力方法
④ 源泉徴収票等の作成方法
⑤ 源泉徴収票等の行政機関等への提出方法
⑥ 源泉徴収票等の本人への交付方法
⑦ 源泉徴収票等の控え、従業員等から提出された書類及び情報システムで取り扱うファイル等の保存方法
⑧ 法定保存期間を経過した源泉徴収票等の控え等の廃棄・削除方法　等

【中小規模事業者における対応方法】
○ 特定個人情報等の取扱い等を明確化する。
○ 事務取扱担当者が変更となった場合、確実な引継ぎを行い、責任ある立場の者が確認する。

組織におけるマイナンバーの取扱いについて、なんらかの規程を定めることを求めている項目ですが、中小規模事業者にはマイナンバーの取扱い等を明確化することのみを求めています。

この規模の組織であれば、事務取扱担当者は1名程度と考えられますので、その事務取扱担当者が常に同じようにマイナンバーを取り扱うことを求めています。

また、退職等で事務取扱担当者が変わってしまう場合には、確実に事務のやり方を引き継ぐことを求めています。

図5-22　事務取扱担当者の引き継ぎイメージ

III 小規模な事業者における安全管理措置

Q5-13
マイナンバーを適正に取り扱うために、組織として取り組むべき安全管理措置を教えてください（組織的安全管理措置）。

ガイドラインの「C　組織的安全管理措置」に記載されている、以下の事項について措置を講ずる必要があります。

組織的安全管理措置の中小規模事業者における対応では、マイナンバーを取り扱う体制が少人数で構成されていることが想定されることから、少人数の体制を想定して、講ずべき組織的安全管理措置を規定しています。

1 マイナンバーを取り扱うための社内体制の整備

ガイドラインでは、以下のように規定されています。

---

a　組織体制の整備
　安全管理措置を講ずるための組織体制を整備する。
　≪手法の例示≫
　＊　組織体制として整備する項目は、次に掲げるものが挙げられる。
　　・　事務における責任者の設置及び責任の明確化
　　・　事務取扱担当者の明確化及びその役割の明確化
　　・　事務取扱担当者が取り扱う特定個人情報等の範囲の明確化
　　・　事務取扱担当者が取扱規程等に違反している事実又は兆候を把握した場合の責任者への報告連絡体制
　　・　情報漏えい等事案の発生又は兆候を把握した場合の従業者から責任者等への報告連絡体制
　　・　特定個人情報等を複数の部署で取り扱う場合の各部署の任務分担及び責任の明確化

【中小規模事業者における対応方法】
　○　事務取扱担当者が複数いる場合、責任者と事務取扱担当者を区分することが望ましい。

手法の例示では様々な組織体制の整備を求めていますが、このような組織体制を中小規模事業者に求めることは過剰であると考えられることから、マイナンバーを取り扱う事務取扱担当者の人数が少ない場合であっても、責任者と事務取扱担当者は分けることを求めています。

しかし、小規模な事業者の場合、事務取扱担当者が1名しかおらず、中小規模事業者における対応方法の対応ができないことが予想されます。会社の中で社長が個人番号関係事務を行っている場合にはやむを得ないと考えられますが、そうでない場合には、社長を責任者とすることが考えられます。

図5-23 責任者と事務取扱担当者の役割分担イメージ

こんな時どうする？

◆マイナンバーを書き間違えて提出したら、どうなりますか？

事務取扱担当者が1人である場合には、書類等のチェックをする体制が確保できないため、マイナンバーを書き間違えたまま提出してしまうことが起きやすいかもしれません。特に手作業で書類等を作成している場合には、可能であれば、誰かに間違いがないかを確認してもらうことも検討しましょう。

なお、マイナンバーを書き間違えた書類を提出してしまった場合には、基本的にはその後の書類等を受け取る行政機関等の対応によることとなりますが、今までの書類等の提出における住所や氏名等の書き間違いと同じ扱いとなると考えられます。

書き間違い箇所がマイナンバーであるからといって、特別な対応になるとは考えられません。

2 マイナンバーの適正な取扱いに関する記録

ガイドラインでは、以下のように規定されています。

---
b　取扱規程等に基づく運用
　取扱規程等に基づく運用状況を確認するため、システムログ又は利用実績を記録する。
　≪手法の例示≫
　＊　記録する項目としては、次に掲げるものが挙げられる。
　　・　特定個人情報ファイルの利用・出力状況の記録

- 書類・媒体等の持出しの記録
- 特定個人情報ファイルの削除・廃棄記録
- 削除・廃棄を委託した場合、これを証明する記録等
- 特定個人情報ファイルを情報システムで取り扱う場合、事務取扱担当者の情報システムの利用状況（ログイン実績、アクセスログ等）の記録

【中小規模事業者における対応方法】
○ 特定個人情報等の取扱状況の分かる記録を保存する。

マイナンバーの取扱いにあたって、記録の保存を求めています。小規模の会社であれば、紙ベースで記録を保存することが考えられます。

図5-24 マイナンバーの取扱いを記録するイメージ(1)

その場合には、業務日誌等において、どのような事務を行ったのかを記録しておくことが考えられます。以下のQ&Aが参考になるでしょう。

Q14-2 「b 取扱規程等に基づく運用」及び「c 取扱状況を確認する手段の整備」の【中小規模事業者における対応方法】における「取扱状況の分かる記録を保存する」とは、どのように考えることが適切ですか。

A14-2 「取扱状況の分かる記録を保存する」とは、例えば、以下の方法が考えられます。
- 業務日誌等において、例えば、特定個人情報等の入手・廃棄、源泉徴収票の作成日、本人への交付日、税務署への提出日等の、特定個人情報等の取扱い状況を記録する。
- 取扱規程、事務リスト等に基づくチェックリストを利用して事務を行い、その記入済みのチェックリストを保存する。

〔「特定個人情報の適正な取扱いに関するガイドライン（事業者編）」及び「（別冊）金融業務における特定個人情報の適正な取扱いに関するガイドライン」に関するQ&A〕

第5章 中小規模事業者・小規模事業者におけるマイナンバーの安全管理措置

マイナンバーの取扱いを外部委託している場合には、外部委託先とのやり取りおよび外部委託先に預けているマイナンバーの範囲をわかるようにすることが重要と考えられます。

3 マイナンバーの取扱状況を確認するために必要な事項

ガイドラインでは、以下のように規定されています。

---
c　取扱状況を確認する手段の整備
　特定個人情報ファイルの取扱状況を確認するための手段を整備する。
　なお、取扱状況を確認するための記録等には、特定個人情報等は記載しない。
　≪手法の例示≫
　＊　取扱状況を確認するための記録等としては、次に掲げるものが挙げられる。
　　・　特定個人情報ファイルの種類、名称
　　・　責任者、取扱部署
　　・　利用目的
　　・　削除・廃棄状況
　　・　アクセス権を有する者

【中小規模事業者における対応方法】
　○　特定個人情報等の取扱状況の分かる記録を保存する。

「b　取扱規程等に基づく運用」および「c　取扱状況を確認する手段の整備」の【中小規模事業者における対応方法】は同じ記述内容となっています。

これは、ある程度の小さな規模の組織であれば、「b　取扱規程等に基づく運用」で保存された記録をみれば、「c　取扱状況を確認する手段の整備」の主旨である「組織内において、どこに、どのような特定個人情報ファイルがあるかを明確にする」を達成できるだろうとの考えからです。

図5-25　マイナンバーの取扱いを記録するイメージ(2)

Ⅲ 小規模な事業者における安全管理措置

4 マイナンバーが漏えい、滅失または毀損した場合に備えるべき事項

ガイドラインでは、以下のように規定されています。

---

d 情報漏えい等事案に対応する体制の整備
　情報漏えい等の事案の発生又は兆候を把握した場合に、適切かつ迅速に対応するための体制を整備する。
　情報漏えい等の事案が発生した場合、二次被害の防止、類似事案の発生防止等の観点から、事案に応じて、事実関係及び再発防止策等を早急に公表することが重要である。
≪手法の例示≫
＊　情報漏えい等の事案の発生時に、次のような対応を行うことを念頭に、体制を整備することが考えられる。
　　・　事実関係の調査及び原因の究明
　　・　影響を受ける可能性のある本人への連絡
　　・　委員会及び主務大臣等への報告
　　・　再発防止策の検討及び決定
　　・　事実関係及び再発防止策等の公表

【中小規模事業者における対応方法】
　○　情報漏えい等の事案の発生等に備え、従業者から責任ある立場の者に対する報告連絡体制等をあらかじめ確認しておく。

　マイナンバーの取扱いにあたって問題が発生した場合における報告・連絡体制の整備を求めています。小規模の組織であれば、まず社長に報告することになるのではないかと考えられます。

図5－26　情報漏えい等が発生した場合の対応イメージ

第5章　中小規模事業者・小規模事業者におけるマイナンバーの安全管理措置

5 マイナンバーの取扱いを改善するために必要な対応

ガイドラインでは、以下のように規定されています。

> e　取扱状況の把握及び安全管理措置の見直し
> 　特定個人情報等の取扱状況を把握し、安全管理措置の評価、見直し及び改善に取り組む。
> ≪手法の例示≫
> ＊　特定個人情報等の取扱状況について、定期的に自ら行う点検又は他部署等による監査を実施する。
> ＊　外部の主体による他の監査活動と合わせて、監査を実施することも考えられる。
>
> 【中小規模事業者における対応方法】
> 　○　責任ある立場の者が、特定個人情報等の取扱状況について、定期的に点検を行う。

マイナンバーの取扱いについて、定期的に確認をして改善をすることを求めている項目ですが、小規模の組織であれば、事務の実施状況を常に確認することができると考えられますので、事務のやり方に見直しが必要な点に気がついたときに改善すれば良いと考えられます。

図5-27　マイナンバーの取扱い方法の見直しイメージ

Q5-14

マイナンバーを適正に取り扱うために従業員が取り組むべき安全管理措置を教えてください（人的安全管理措置）。

ガイドラインの「D　人的安全管理措置」に記載されている、以下の事項について措置を講

する必要があります。

人的安全管理措置では「中小規模事業者における対応方法」を特に規定していませんので、中小規模事業者であっても、a および b の規定を遵守しなければなりません。

1 事務取扱担当者の監督

ガイドラインでは、以下のように規定されています。

> a 事務取扱担当者の監督
> 　事業者は、特定個人情報等が取扱規程等に基づき適正に取り扱われるよう、事務取扱担当者に対して必要かつ適切な監督を行う。

マイナンバーの取扱いについて監督を求めている項目ですが、小規模の組織であれば、常に目が行き届いていると考えられますので、特段の対応は不要でしょう。

図5－28　事務取扱担当者の監督イメージ

2 事務取扱担当者の教育

ガイドラインでは、以下のように規定されています。

> b 事務取扱担当者の教育
> 　事業者は、事務取扱担当者に、特定個人情報等の適正な取扱いを周知徹底するとともに適切な教育を行う。
> 　≪手法の例示≫
> 　＊　特定個人情報等の取扱いに関する留意事項等について、従業者に定期的な研修等を行う。

第5章　中小規模事業者・小規模事業者におけるマイナンバーの安全管理措置

> ＊　特定個人情報等についての秘密保持に関する事項を就業規則等に盛り込むことが考えられる。

　マイナンバーの取扱担当者に対する教育を求めている事項です。
　社内での教育や勉強会を開くのは難しいと考えられますので、特定個人情報保護委員会が公表している資料を読むことや、地方公共団体や商工会議所等の公的機関等が主催するセミナーに参加すること等が考えられます。

図5－29　事務取扱担当者の教育イメージ

Q5-15
マイナンバーを紛失・盗難等から守るための安全管理措置を教えてください（物理的安全管理措置）。

　ガイドラインの「E　物理的安全管理措置」に記載されている、以下の事項について措置を講ずる必要があります。

1 マイナンバーを取り扱う場所と他の業務を行う場所との区分

　ガイドラインでは、以下のように規定されています。

> a　特定個人情報等を取り扱う区域の管理
> 　特定個人情報等の情報漏えい等を防止するために、特定個人情報ファイルを取り扱う情報システムを管理する区域（以下「管理区域」という。）及び特定個人情報等を取り扱う事務を実施する区域（以下「取扱区域」という。）を明確にし、物理的な安全管理措置を講ずる。
> 　≪手法の例示≫

Ⅲ　小規模な事業者における安全管理措置

> ＊　管理区域に関する物理的安全管理措置としては、入退室管理及び管理区域へ持ち込む機器等の制限等が考えられる。
> ＊　入退室管理方法としては、ICカード、ナンバーキー等による入退室管理システムの設置等が考えられる。
> ＊　取扱区域に関する物理的安全管理措置としては、壁又は間仕切り等の設置及び座席配置の工夫等が考えられる。

マイナンバーを取り扱う区域を明確化することを求めています。

この規模の事業者では、それほど広くない事務所の中で、担当者1名が手が届く範囲でマイナンバーを取り扱っていると考えられますので、その担当者がマイナンバーを取り扱っているときに、みだりに他の社員に覗き見られないようなルール作りが重要です。

事務所への来客が想定される場合には、来客対応をするスペースと、そうでないスペースはできるだけ区域を分けると良いでしょう。書棚や観葉植物等をうまく配置して、来客が執務スペースにみだりに立ち入らないようにすることが重要です。

図5-30　マイナンバーを取り扱う区域の明確化イメージ

第5章　中小規模事業者・小規模事業者におけるマイナンバーの安全管理措置

> **こんな時どうする？**
>
> ◆自宅を事務所としている場合には…
> 　自宅を事務所としている場合であっても、リビングの一部を事務所としているのではなく、自宅の一室を事務所として利用していることが多いのではないかと思われますので、その場合には、その部屋が取扱区域となります。
> 　その部屋を施錠管理することが必要かどうか等については、それぞれの判断で良いでしょう。このタイミングで、一度見直してみてください。
> 　自宅の共用部分を事務所としていて区域の管理ができない場合であっても、重要な書類等は管理されていると考えられますので、マイナンバーを書いた書類も同じように取り扱うことが求められます。

2 マイナンバーを保存した機器および電子媒体等を盗難等から守るための対応

ガイドラインでは、以下のように規定されています。

> b　機器及び電子媒体等の盗難等の防止
> 　管理区域及び取扱区域における特定個人情報等を取り扱う機器、電子媒体及び書類等の盗難又は紛失等を防止するために、物理的な安全管理措置を講ずる。
> ≪手法の例示≫
> ＊　特定個人情報等を取り扱う機器、電子媒体又は書類等を、施錠できるキャビネット・書庫等に保管する。
> ＊　特定個人情報ファイルを取り扱う情報システムが機器のみで運用されている場合は、セキュリティワイヤー等により固定すること等が考えられる。

　マイナンバーを取り扱うパソコンやマイナンバーを記載した書類等が盗難等に遭わないための措置を求めている項目です。
　現在でも、事務所の防犯対策はある程度実施されているものと考えられますので、この機会に本当に大丈夫か見直してみることが重要でしょう。

Ⅲ 小規模な事業者における安全管理措置

図5-31 マイナンバーの保管イメージ

3 事務所の外でマイナンバーを取り扱う際の対応

ガイドラインでは、以下のように規定されています。

---

c 電子媒体等を持ち出す場合の漏えい等の防止
　特定個人情報等が記録された電子媒体又は書類等を持ち出す場合、容易に個人番号が判明しない措置の実施、追跡可能な移送手段の利用等、安全な方策を講ずる。
　「持出し」とは、特定個人情報等を、管理区域又は取扱区域の外へ移動させることをいい、事業所内での移動等であっても、紛失・盗難等に留意する必要がある。
　≪手法の例示≫
　＊　特定個人情報等が記録された電子媒体を安全に持ち出す方法としては、持出しデータの暗号化、パスワードによる保護、施錠できる搬送容器の使用等が考えられる。ただし、行政機関等に法定調書等をデータで提出するに当たっては、行政機関等が指定する提出方法に従う。
　＊　特定個人情報等が記載された書類等を安全に持ち出す方法としては、封緘、目隠しシールの貼付を行うこと等が考えられる。

【中小規模事業者における対応方法】
　○　特定個人情報等が記録された電子媒体又は書類等を持ち出す場合、パスワードの設定、封筒に封入し鞄に入れて搬送する等、紛失・盗難等を防ぐための安全な方策を講ずる。

第5章　中小規模事業者・小規模事業者におけるマイナンバーの安全管理措置

マイナンバーを事務所等の外で取り扱う場合に、紛失や盗難等を防止することを求めています。例えば、給与所得の源泉徴収票を税務署等に持参する場合等が考えられます。

最近の個人情報漏えい等の事案の原因の多くが、書類等の移送中における紛失やひったくり、車上荒らし、飲酒による置き忘れ等ですので、これらが起きないような対策を講ずることが考えられます。

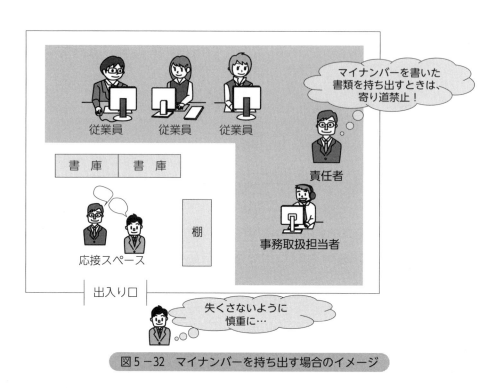

図5－32　マイナンバーを持ち出す場合のイメージ

4 マイナンバーの削除または廃棄の方法

ガイドラインでは、以下のように規定されています。

---
d　個人番号の削除、機器及び電子媒体等の廃棄

　個人番号関係事務又は個人番号利用事務を行う必要がなくなった場合で、所管法令等において定められている保存期間等を経過した場合には、個人番号をできるだけ速やかに復元できない手段で削除又は廃棄する。

　個人番号若しくは特定個人情報ファイルを削除した場合、又は電子媒体等を廃棄した場合には、削除又は廃棄した記録を保存する。また、これらの作業を委託する場合には、委託先が確実に削除又は廃棄したことについて、証明書等により確認する。

　≪手法の例示≫
　　＊　特定個人情報等が記載された書類等を廃棄する場合、焼却又は溶解等の復元不可能な手段

* 　特定個人情報等が記録された機器及び電子媒体等を廃棄する場合、専用のデータ削除ソフトウェアの利用又は物理的な破壊等により、復元不可能な手段を採用する。
* 　特定個人情報ファイル中の個人番号又は一部の特定個人情報等を削除する場合、容易に復元できない手段を採用する。
* 　特定個人情報等を取り扱う情報システムにおいては、保存期間経過後における個人番号の削除を前提とした情報システムを構築する。
* 　個人番号が記載された書類等については、保存期間経過後における廃棄を前提とした手続を定める。

【中小規模事業者における対応方法】
　〇　特定個人情報等を削除・廃棄したことを、責任ある立場の者が確認する。

　マイナンバーの取扱いにあたって、最も注意すべき点の1つが、この規定です。
　これまでの保存義務がある書類は、例えば7年の保存が決まっている書類であれば、7年以上保存していれば問題なかったわけですが、これからはマイナンバーが記載されているものについては、7年を過ぎた段階で削除・廃棄しなければなりません。とはいえ、7年を1秒でも過ぎてはいけないかというと、そういうわけではなく、現実的なタイミングで削除・廃棄すれば良いと考えられます。
　中小規模事業者においては、責任ある立場の人が、削除・廃棄に関して確認することを求めています。他の重要な作業も同様に確認されているものと考えられますし、個人情報漏えい等事案において一定の割合で発生する「誤廃棄」を防止するためにも有効と考えられます。
　また、廃棄の際にはマイナンバーが復元できないようにすることが重要です。社内の他の重要な書類を廃棄する際に、そのままゴミ箱に棄てるようなことはないものと考えられますので、同じようにマイナンバーが記載された書類を廃棄すれば良いと考えられます。有効期限の切れたクレジットカード等を棄てる際に、カード番号およびセキュリティコードがわからないようにハサミを入れ、磁気ストライプ部分およびICチップ部分にもハサミを入れて、完全に使えないようにするのと同様です。
　この重要書類等の廃棄の方法についても、このタイミングで見直すことが重要と考えられます。

第5章　中小規模事業者・小規模事業者におけるマイナンバーの安全管理措置

図5-33　マイナンバーの廃棄のイメージ

こんな時どうする？

◆マイナンバーの廃棄のためにシュレッダー等を準備できない場合には…

　これまで書類等の廃棄にシュレッダー等を利用していなかった事業者では、すぐにこれらのものを準備できない可能性があります。

　そのような場合は、当面は、マイナンバーがわからなくなるようにハサミ等で細かく裁断するか破ってから廃棄する等の方法が考えられます。または、マイナンバー部分を黒塗りして、完全に見えなくしてから廃棄することでも良いでしょう。

　他の重要な書類等の廃棄にも必要なものと考えられますので、なにかしらの書類等を安全に廃棄するための措置を講ずることが必要と考えられます。

Q5-16

マイナンバーを情報技術により取り扱う場合の安全管理措置を教えてください（技術的安全管理措置）。

　ガイドラインの「F　技術的安全管理措置」に記載されている、以下の事項について措置を講ずる必要があります。

Ⅲ　小規模な事業者における安全管理措置

　技術的安全管理措置においては、主にアクセス制御に関する規定について、中小規模事業者における対応方法を記載しました。これは、マイナンバーを取り扱う機器の規模が異なるであろうこと、つまり、事務取扱担当者のパソコンにパッケージ製品等を導入して事務を行っているかまたは外部委託していると考えられることを想定したものです。

> 🌟 こんな時どうする？
>
> ◆事務にパソコン等を利用していない場合には…
> 　事務を紙でのみ行っている場合等のように、パソコン等を利用していない場合には、技術的安全管理措置を遵守する必要はありません。

1 マイナンバーを取り扱う事務の範囲、事務に利用する特定個人情報の範囲、事務取扱担当者を制限するための対応

ガイドラインでは、以下のように規定されています。

---
a　アクセス制御
　情報システムを使用して個人番号関係事務又は個人番号利用事務を行う場合、事務取扱担当者及び当該事務で取り扱う特定個人情報ファイルの範囲を限定するために、適切なアクセス制御を行う。
　≪手法の例示≫
　　＊　アクセス制御を行う方法としては、次に掲げるものが挙げられる。
　　　・　個人番号と紐付けてアクセスできる情報の範囲をアクセス制御により限定する。
　　　・　特定個人情報ファイルを取り扱う情報システムを、アクセス制御により限定する。
　　　・　ユーザーIDに付与するアクセス権により、特定個人情報ファイルを取り扱う情報システムを使用できる者を事務取扱担当者に限定する。

【中小規模事業者における対応方法】
　　○　特定個人情報等を取り扱う機器を特定し、その機器を取り扱う事務取扱担当者を限定することが望ましい。
　　○　機器に標準装備されているユーザー制御機能（ユーザーアカウント制御）により、情報システムを取り扱う事務取扱担当者を限定することが望ましい。

　マイナンバーをパソコンで取り扱っている場合には、そのパソコンを事務取扱担当者の専用機とすることや、標準装備されているユーザーアカウント制御等を利用することを規定しています。
　マイナンバーの取扱いを外部委託している場合も同様です。この場合においても、外部委託先に提供するデータの作成事務が発生すると考えられますので、このような事務に利用するパ

第5章　中小規模事業者・小規模事業者におけるマイナンバーの安全管理措置

ソコンを限定する等の方法が考えられます。

　また、クラウドサービスのように、情報システムをインターネット経由で利用している場合では、クラウドサービス事業者が提供しているアクセス制御方法を確実に利用することが重要です。これらのアクセス制御機能を使いこなすことは意外と難しいことから、このようなサービスを利用している事業者は、サービス提供者の説明をよく聞いて、間違いのないように利用することが求められます。

図5-34　アクセス制御のイメージ

2 情報システムの事務取扱担当者を確認するための方法

　ガイドラインでは、以下のように規定されています。

---

b　アクセス者の識別と認証

　特定個人情報等を取り扱う情報システムは、事務取扱担当者が正当なアクセス権を有する者であることを、識別した結果に基づき認証する。

≪手法の例示≫

* 　事務取扱担当者の識別方法としては、ユーザーID、パスワード、磁気・ICカード等が考えられる。

【中小規模事業者における対応方法】
○　特定個人情報等を取り扱う機器を特定し、その機器を取り扱う事務取扱担当者を限定することが望ましい。
○　機器に標準装備されているユーザー制御機能（ユーザーアカウント制御）により、情報システムを取り扱う事務取扱担当者を限定することが望ましい。

　本項目の「中小規模事業者における対応方法」は「a　アクセス制御」と同じ規定となっています。

3 外部からの不正アクセス等の防止策

ガイドラインでは、以下のように規定されています。

> c 外部からの不正アクセス等の防止
> 　情報システムを外部からの不正アクセス又は不正ソフトウェアから保護する仕組みを導入し、適切に運用する。
> 　≪手法の例示≫
> 　＊　情報システムと外部ネットワークとの接続箇所に、ファイアウォール等を設置し、不正アクセスを遮断する。
> 　＊　情報システム及び機器にセキュリティ対策ソフトウェア等(ウイルス対策ソフトウェア等)を導入する。
> 　＊　導入したセキュリティ対策ソフトウェア等により、入出力データにおける不正ソフトウェアの有無を確認する。
> 　＊　機器やソフトウェア等に標準装備されている自動更新機能等の活用により、ソフトウェア等を最新状態とする。
> 　＊　ログ等の分析を定期的に行い、不正アクセス等を検知する。

本項目には中小規模事業者における特例的な対応方法はありません。

組織でマイナンバーを取り扱うために利用しているパソコン等の環境に応じた措置を講ずれば十分と考えられます。これまでも、パソコンに対するセキュリティ対策を講じていると考えられますので、このタイミングで見直してみることが重要です。

具体的には、パソコンにウイルス対策ソフトウェアを導入して常に最新の状態に保つことや、クラウド型のセキュリティサービスを利用すること等が考えられます。

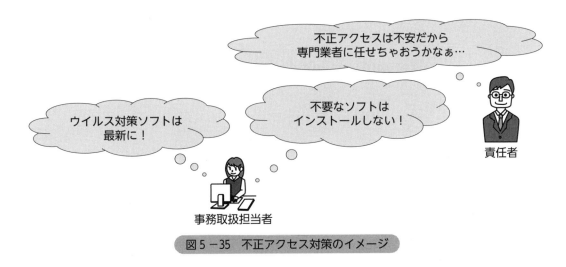

図5-35　不正アクセス対策のイメージ

第5章　中小規模事業者・小規模事業者におけるマイナンバーの安全管理措置

4 マイナンバーをインターネット等により授受する場合の留意点

ガイドラインでは、以下のように規定されています。

> d　情報漏えい等の防止
> 　特定個人情報等をインターネット等により外部に送信する場合、通信経路における情報漏えい等を防止するための措置を講ずる。
> ≪手法の例示≫
> ＊　通信経路における情報漏えい等の防止策としては、通信経路の暗号化等が考えられる。
> ＊　情報システム内に保存されている特定個人情報等の情報漏えい等の防止策としては、データの暗号化又はパスワードによる保護等が考えられる。

　小規模の事業者においてマイナンバーをインターネット等により外部に送信することはほとんどないと考えて良いでしょう。もしあるとすると、事務を委託したり、クラウド型のサービスを利用したりする場合が考えられます。

　これらの場合には、マイナンバーの提供を求める側が適切な安全管理措置を講ずるものと考えられますので、それに従えば良いこととなります。

図5-36　マイナンバーを送受信する場合のイメージ

Ⅲ 小規模な事業者における安全管理措置

5 小規模な事業者における安全管理措置のイメージ

前節で述べた安全管理措置をまとめると、以下のようになります。

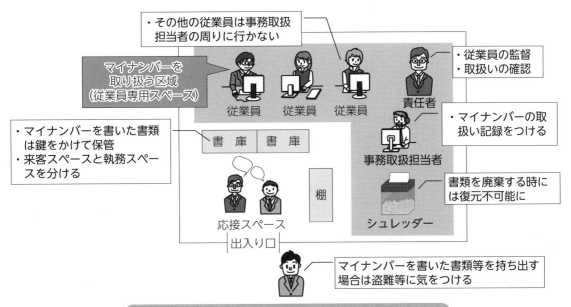

図5-37 小規模な事業者における安全管理措置のイメージ

責任者と事務取扱担当者を明確にし、責任者は従業者の監督を行い、事務取扱担当者のマイナンバーの取扱いを確認します。事務取扱担当者は、マイナンバーの取扱いを作業日誌等に記録します。

マイナンバーを取り扱うと考えられる執務スペースと来客スペースを書庫等で区切ります。書庫等がない場合でも何らかの方法で区切ることで、来客がみだりに執務スペースに入らないような工夫が必要です。また、マイナンバーを書いた書類は施錠できる書庫で保管し、それらを廃棄する場合には、十分細くなるシュレッダーで廃棄します。

図には記載しませんでしたが、事務取扱担当者のパソコンは、専用であると良いでしょう。

また、この規模の組織であれば、従業員のマイナンバーを担当者が保管して必要に応じて転記するのではなく、マイナンバーが必要となるたびにマイナンバーを従業員から聞く（または従業員に書いてもらう）運用の方が安全かもしれません。

<参考>行政機関等からの主な公表資料

<参考>行政機関等からの主な公表資料

本書の他に、マイナンバー制度全体を把握するために有用と考えられる資料を以下に示します。

	資料	URL
		概要
1	特定個人情報の適正な取扱いに関するガイドライン	http://www.ppc.go.jp/legal/policy/
		筆者が所属している特定個人情報保護委員会が策定・公表しているガイドラインが掲載されています。まずはこれを読むことから始めましょう。 また、このページには、Q&Aが公開されています。よくある質問への回答やガイドラインの補足について記載されていますので、合わせて確認してみてください。
2	ガイドライン資料集	http://www.ppc.go.jp/legal/policy/document/
		筆者が所属している特定個人情報保護委員会が公表しているガイドラインの概要を示した資料です。職員の教育等に利用できると考えられます。
3	マイナンバー社会保障・税番号制度	http://www.cas.go.jp/jp/seisaku/bangoseido/index.html
		内閣官房社会保障改革担当室および内閣府大臣官房番号制度担当室のホームページです。こちらには、制度に対するQ&Aやフリーダウンロード資料が掲載されています。
4	社会保障分野関係資料	http://www.mhlw.go.jp/stf/seisakunitsuite/bunya/0000062603.html
		マイナンバー制度における社会保障に関する情報を掲載している厚生労働省のホームページです。マイナンバーを記載する届出書等が掲載されています。
5	税分野資料	https://www.nta.go.jp/mynumberinfo/index.htm
		マイナンバー制度における税に関する情報を掲載している国税庁のホームページです。マイナンバーを記載する帳票のイメージや、マイナンバーを取得する際の本人確認方法についてのわかりやすい資料等が掲載されています。法人番号に関する情報も掲載されています。

《監修者略歴》
手塚　悟（てづか　さとる）
　特定個人情報保護委員会　委員
　東京工科大学　コンピュータサイエンス学部　教授　工学博士

1984年慶応義塾大学工学部数理工学科卒業後、株式会社日立製作所入社。
システム開発研究所第7部（情報セキュリティ研究部）部長を経て、2009年度より現職。2004年度・08年度情報処理学会論文賞、IEEE-IIHMSP 2006 Best Paper Award などを受賞。

主な著書に「マイナンバーで広がる電子署名・認証サービス」（日経BP社）、「日本を強くする企業コード」（日経BP社）、「情報セキュリティの基礎」（共立出版）、「インターネット時代の情報セキュリティ」（共立出版）など。

【学術分野】
情報ネットワーク法学会理事長（現職）、日本セキュリティ・マネジメント学会常任理事（現職）、デジタル・フォレンジック研究会理事（現職）、情報処理学会コンピュータセキュリティ研究会専門委員（現職）を歴任。

【政府分野】
サイバーセキュリティ戦略本部重要インフラ専門調査会委員（現職）、IT戦略本部電子行政に関するタスクフォース臨時構成員、情報連携基盤技術ワーキンググループ委員、住民基本台帳ネットワークシステム調査委員会委員、電子署名法における暗号アルゴリズム移行研究会主査、CRYPTREC暗号技術検討会委員（現職）などを歴任。

《著者略歴》
武本　敏（たけもと　さとし）
　特定個人情報保護委員会事務局　上席政策調査員
　株式会社日立製作所　情報・通信システム社　クラウドサービス事業部　主任技師

2000年立命館大学大学院理工学研究科卒業後、株式会社日立製作所入社。
情報セキュリティに関するコンサルティング、調査研究、政策提言、技術研究開発等（暗号、重要インフラ防護、制御システム、災害対策・事業継続、クラウドコンピューティング、プライバシー保護等）を経て、2014年より特定個人情報保護委員会事務局　上席政策調査員として、主に安全管理措置に関する業務を担当。CISSP。

Q&A マイナンバーのセキュリティ対策
―ITを利活用した安全管理のすべて

2015年11月20日　発行

監修者	手塚　悟	
著　者	武本　敏 ⓒ	
発行者	小泉　定裕	
発行所	株式会社 清文社	東京都千代田区内神田1-6-6（MIFビル） 〒101-0047　電話 03(6273)7946　FAX 03(3518)0299 大阪市北区天神橋2丁目北2-6（大和南森町ビル） 〒530-0041　電話 06(6135)4050　FAX 06(6135)4059 URL http://www.skattsei.co.jp/

印刷：亜細亜印刷㈱

■著作権法により無断複写複製は禁止されています。落丁本・乱丁本はお取り替えします。
■本書の内容に関するお問い合わせは編集部までFAX（03-3518-8864）でお願いします。

ISBN978-4-433-54045-6